BIBLIOTHÈQUE DES BONS ROMANS ILLUSTRÉS

COCO LE BARAQUER

SUITE DE LA FILLE DU MAITRE D'ÉCOLE,

PAR XAVIER DE MONTÉPIN.

Prix : 50 centimes.

PARIS
ALEXANDRE CADOT, ÉDITEUR
37, RUE SERPENTE, 37

COCO LE BARAQUER

SUITE DE LA FILLE DU MAITRE D'ÉCOLE,

PAR XAVIER DE MONTÉPIN.

I

A la recherche d'un gendre.

Sautons à pieds joints par-dessus un laps de quelques mois.

Les personnages que nous venons de faire connaître à nos lecteurs, et auxquels ils commencent peut-être à s'intéresser, sont encore dans la position où nous les avons laissés à la fin de notre précédent chapitre.

Seulement, — ainsi qu'on le devine sans peine, — Jacques Bertrand est devenu l'amant de Julie. — La possession a fait évanouir l'amour; aussi, bien que nul n'ait parlé de son duel avec le Baraquer (lequel, vivant ou mort, s'obstine à ne pas reparaître), il trouve toujours quelque raison pour voyager...

Et ses absences se prolongent de plus en plus.

Au moment où nous reprenons le cours de notre récit, la chambre du soldat est vide depuis une quinzaine de jours, et le maître d'école et Julie ignorent ce qu'ils doivent dire ou penser.

Un jeudi matin, cependant, l'impatience de M. Galoppot arrive à son comble.

— Il faut que j'aille à Besançon, dit-il à sa femme; je ne sais ce que fait mon cousin et je désire me renseigner.

Sur ce, M. Galoppot demande son habit bleu barbeau, son chapeau des dimanches, ses souliers neufs; il donne un coup de brosse à tous ces splendides effets, et il monte dans la patache de Freysolles à Besançon.

Il se fait cahoter pendant cinq ou six heures, et, comme on arrive toujours une fois qu'on est parti, il finit par descendre de voiture à la porte de Battant.

Besançon n'est pas une bien grande ville. Elle a tous les vices des petites cités; elle est cancanière, morose, sans amusements; on ne voit dans les rues que des soldats, des prêtres et des horlogers.

M. Galoppot n'était jamais sorti de Freysolles que pour aller à Champcarré, et de Champcarré que pour aller à la préfecture de son département visiter le recteur de l'académie ou l'inspecteur primaire.

Aussi se trouva-t-il très-gauche lorsqu'il se vit dans la rue étroite et sale qui conduit au pont du Doubs.

— Orientons-nous... se dit-il.

Il se tourna vers les quatre points cardinaux :

— Voilà le nord, cosmographiquement !

Et il désignait du doigt le sommet de la citadelle.

Mais cette orientation ne le tirait point de son embarras ; il se trouvait plus isolé que saint Jérôme dans le désert ou que saint Siméon Stylite au sommet de sa colonne.

— Voyons! se dit-il, tout le monde connaît ici Jacques Bertrand ; un homme qui gagne six cents francs dans un assaut doit être populaire, surtout pour les soldats.

Il avisa un artilleur traversant le pont ; c'était un sous-officier gouailleur qui, depuis l'extrémité de ce pont, examinait la binette hétéroclite de l'instituteur.

M. Galoppot s'avança vers lui :

— Monsieur le militaire, lui dit-il, auriez-vous l'extrême obligeance de me dire si vous connaissez M. Bertrand !...

— Oh! parfaitement, monsieur, répondit le sous-officier.

— Il me semblait bien que ça devait être.

— Seulement, j'en connais plusieurs.

— Ah!

— Si vous voulez me suivre, je me ferai un plaisir de vous piloter. Vous n'êtes jamais venu à Besançon ?...

— Une fois, monsieur ; j'avais deux ans.

— Alors, vous ne vous rappelez sans doute pas la configuration de la ville?

— Pas du tout, monsieur !

— Veuillez donc m'accompagner !

Ils se dirigèrent vers la rue Saint-Pierre.

Là, le sous-officier montra au maître d'école une pancarte sur laquelle on lisait en lettres d'or : BERTRAND, *pédicure*.

— Est-ce votre monsieur Bertrand ? demanda l'artilleur.

— Pédicure... pédicure... balbutia le maître d'école, ce mot-là ne se trouve pas dans le vocabulaire... Je ne sais pas ce que c'est qu'un pédicure...

— Avez-vous des cors aux pieds?

— Beaucoup.

— Alors ce Bertrand se charge de ne pas les extirper.

— Jésus-Marie-Joseph !... ce n'est pas bien difficile ! mon Dieu !... comme il y a de drôles de métiers dans les villes ! Et il gagne beaucoup d'argent en n'arrachant pas les cors?

— Cinq mille francs par an.

— Oh! bon Dieu! j'ai envie de me faire pédicure. Mais s'il n'arrache pas les cors, qu'est-ce qu'il fait donc pour gagner tant d'argent.

— Il fait asseoir les gens sur une chaise, leur ôte leurs chaussures, et... leurs chaussettes, et leur fait croire qu'ils sont guéris.

L'instituteur hocha la tête :

— Il faut avoir été reçu bachelier au moins, car on doit étudier la rhétorique pour connaître l'art de persuader. Mais mon cousin ne fait pas comme cela ; il gagne beaucoup d'argent, c'est vrai ; mais c'est en donnant des assauts.

— Quels assauts?

— Des assauts d'armes.

— Diable! c'est un maître d'escrime?

— Oui! Il sort d'Afrique.

— Nous le trouverons! C'est sans doute au théâtre qu'il donne ses assauts.

Ils prirent une rue transversale et gagnèrent la rue du théâtre.

Contre l'une des colonnes de la salle de spectacle on lisait sur une énorme affiche : *Bertrand et Raton*.

Ces mots frappèrent les yeux du maître d'école.

— Jésus-Marie-Joseph ! dit-il, vous aviez raison, monsieur le militaire. Je vois son nom.

Le doigt de M. Galoppot désignait l'affiche.

L'artilleur étouffa un éclat de rire.

— Qu'est-ce que ce *Raton* dont on place le nom auprès du sien ? demanda l'instituteur.

— Parbleu ! c'est le nom de sa femme,... elle fait des armes avec lui.

M. Galoppot eut un éblouissement. Il tourna trois fois sur lui-même, et il serait tombé si le militaire ne l'eût retenu.

— Hé ! qu'est-ce qui vous prend donc?

— Je suis mort! Ah! le misérable !

— Qu'est-ce qu'il y a?

— Aidez-moi à me traîner dans ce café, nous boirons un verre de kirsch, pour me remettre.

L'artilleur conduisit M. Galoppot dans le café.

— Un bol de vin chaud vaudrait mieux, fit-il ensuite.

— Demandez donc un bol de vin chaud.

Tout en absorbant le liquide, M. Galoppot conta au sous-officier les griefs qu'il avait contre son futur gendre.

— Ah ! diable ! c'est plus grave que je ne pensais, murmura le soldat, ému par la profonde douleur qui éclatait sur le visage du maître d'école ; mais peut-être vous êtes-vous trompé en lisant cette affiche.

— Je ne me trompe jamais, monsieur, je suis instituteur du brevet supérieur.

— Oh ! ça ne fait rien ; *Bertrand et Raton*, c'est, je crois, le titre d'une comédie.

— Comment?...

— Oui, venez lire de nouveau.

Le maître d'école bondit vers les colonnes du théâtre, et, après avoir lu, il revint tout rayonnant.

— Un second bol de vin chaud ! s'écria-t-il de sa voix de chantre.

Et, se rasseyant auprès de l'artilleur, il s'écria :

— Vous me sauvez la vie !

— J'ai la permission jusqu'à l'heure du pansage ; il suffit de ce temps pour découvrir votre cousin. Connaît-il quelqu'un à Besançon?

— Je ne crois pas... excepté peut-être le docteur Brochet. Il lui a écrit l'autre jour.

— Et où demeure-t-il, ce docteur?

— Je n'en sais rien.

— Nous trouverons. Tenez, entrons chez le dentiste en face ; il nous donnera son adresse.

— Fichtre !... quand on entre chez quelqu'un, il faut toujours acheter quelque chose ; mais là, je ne sais pas trop ce que je pourrais acheter...

— Avez-vous une dent à vous faire arracher ?

— Bigre !... mais tout le monde arrache donc quelque chose dans ce pays-ci. Je tiens à garder mes dents.

— C'est bien, je me charge de la chose... Sortons.

L'artilleur fit semblant de chercher dans sa poche : mais le maître d'école l'arrêta.

— C'est moi qui paye, dit-il.

Et il solda.

L'artilleur monta chez le dentiste tandis que l'instituteur restait à la porte à regarder la *montre*.

Il redescendit au bout d'un instant :

— Je vais vous conduire jusque-là et je vous quitterai, dit-il au maître d'école. Votre médecin demeure rue d'Arènes, tout près de la caserne des chasseurs.

Ils arrivèrent bientôt devant une assez belle maison dont la porte à gros clous était ornée d'un énorme marteau du moyen âge.

— Attendez-moi, s'il vous plaît, encore un instant, fit le maître d'école ; si mon cousin n'est pas chez le docteur Brochet, je vous accompagnerai jusqu'à votre caserne.

— Je vous attendrai. Mais il ne fait pas bon au milieu de la rue. Vous me rejoindrez dans cet estaminet...

— Bien !

Le maître d'école trouva le docteur assis dans son cabinet et lisant le journal.

— Que désirez-vous, monsieur ? demanda le médecin de sa voix cassante.

— Je cherche mon cousin Bertrand, monsieur le docteur.

— Qu'est-ce que c'est que le cousin Bertrand ?

— Jacques Bertrand, monsieur, le fils de M. Leroux de Champcarré.

— Ah ! et qu'est-ce que vous lui voulez ?

— Mais, monsieur le médecin, c'est pour savoir l'état de sa santé.

— Alors, mon cher, il faut aller à Beurre, à Chamard, dans tous les villages qui environnent Besançon, et dans toutes les goguettes de la ville, il est probable que vous finirez par le rencontrer...

— Vous ne sauriez pas, monsieur, où il se tient plus particulièrement ?

— Ma foi non !... Comment voulez-vous que je le sache ?

— Je vous remercie, monsieur.

Le maître d'école reprit son chapeau et se décida à sortir.

— Que lui veut-il donc ? pensa le médecin.

Il rappela le maître d'école.

— Vous êtes de Freysolles ? lui demanda-t-il.

— Oui, monsieur ! je suis l'instituteur.

— Ah ! je suis allé chez vous il y a quelque temps pour parler à votre cousin. Asseyez-vous.

Le maître d'école ne se fit pas prier.

— Quel rapport, fit le docteur, y a-t-il entre vous et M. Bertrand ?

— Il doit épouser ma fille, monsieur le docteur.

— Bah ! un garçon qui sera peut-être millionnaire. Je ne m'étonne pas que vous le cherchiez avec tant d'empressement.

Le maître d'école rougit.

— Si vous croyez que c'est par intérêt...

— J'en suis sûr !... Les gens de Champcarré sont beaucoup trop avares pour donner leur fille à un homme qui n'aurait rien.

— Mais monsieur, c'est notre cousin.

— Qu'est-ce que cela fait ! Quand M. Leroux sera mort, il n'y aura plus de parenté.

Galoppot ouvrit de grands yeux.

— Sans doute, continua le médecin, M. Bertrand vous a fait une promesse ?

— Oui ! monsieur.

— Eh bien ! il la reprendra.

— Comment !

Le médecin ne répondit rien à la question du maître d'école.

— Est-ce qu'il vous doit de l'argent ? ajouta-t-il impitoyablement.

— Oh ! ma foi non !

— Alors, je ne comprends pas l'insistance que vous mettez à poursuivre M. Bertrand.

Cette sécheresse de raisonnement, impliquant la sécheresse du cœur, fit perdre la patience au maître d'école.

— Mais, monsieur, dit-il, si c'est pour me vexer que vous me dites toutes ces choses-là, vous auriez mieux fait de me laisser partir.

— Personne ne vous en empêche, monsieur, la porte vous est ouverte.

— On dirait véritablement, monsieur le docteur, que vous avez une fille à marier.

Le médecin rougit à son tour.

— Je suis célibataire, monsieur le pédant ; du reste, je ne vous donne pas le droit de faire ici la moindre observation. Je dois, pour toute réponse, vous dire ceci : c'est que M. Bertrand s'inquiétera de vous quand il en aura le temps. Voilà !...

Le maître d'école, en entendant ces dures paroles, faillit s'évanouir de colère et de chagrin.

— Oh ! monsieur, murmura-t-il, vous m'arrachez l'âme ; mais cela ne vous portera pas bonheur. Il est bien naturel qu'un père cherche pour sa fille le meilleur parti possible ; et vous-même, si vous aviez une fille, vous agiriez de la même façon ; mais vous n'avez pas plus de cœur que votre bistouri, et Dieu vous punira.

— Dieu ! fit le docteur avec un sourire sarcastique, c'est l'argent !

— L'argent s'en va, monsieur le médecin, Dieu reste !

— Laissez-moi donc tranquille ! et allez-vous-en !...

Le maître d'école tourna les talons pour sortir, mais il réfléchit.

— Comment, pensa-t-il, je ne dirai rien à ce coquin-là ! Je ne l'insulterai pas ! !

Il surmonta sa timidité naturelle :

— Monsieur, — lui dit-il, — avant de m'en aller, je tiens à vous déclarer que vous êtes un brigand. Je suis pauvre, je n'ai pas un sou ; mais je me moque de vous ; tout ce que vous me dites est désolant ; mais ça ne prouve qu'une chose, c'est que vous ne valez rien du tout, et que, malgré ma pauvreté, je vaux dix fois mieux que vous. On a vu des médecins empoisonner leurs malades : vous êtes un de ceux-là...

Sur ce, le maître d'école fit une pirouette, et avant que le médecin n'ait eu le temps de se mettre à sa poursuite, il se trouva dans la rue ; de la rue, il ne fit qu'un bond jusqu'à l'estaminet où l'artilleur l'attendait en prenant un verre de cassis mêlé avec de l'eau-de-vie.

— Eh bien ? demanda le soldat.

— Chut ! regardez !...

M. Galoppot colla ses yeux contre la vitre. Il vit le docteur Brochet qui descendait l'escalier dans un état d'agitation impossible à décrire.

— Il va chez le commissaire ! pensa-t-il.

La porte d'entrée n'était point fermée, M. Brochet franchit le seuil et se dirigea rapidement vers le poste de police.

— Fichtre ! les affaires vont se gâter, fit le maître d'école. Et il raconta brièvement à l'artilleur ce qui venait de se passer.

— N'ayez pas peur, dit le sous-officier, je me charge de cela. Sortons, et vous allez voir !

Le maître d'école obéit machinalement au soldat.

Ils se promenèrent de long en large dans la rue, mais ils ne virent rien d'inquiétant.

— Vous lui avez dit la vérité, fit le soldat ; vous verrez qu'il n'aura pas osé aller à la police.

Une nouvelle idée était venue à l'esprit de M. Galoppot. La colère lui donnait de l'intelligence.

— Je vais, dit-il au sous-officier, m'établir dans le café jusqu'au soir. Je suis sûr que mon cousin Bertrand viendra voir le médecin. Je l'apercevrai.

— Vous n'avez plus besoin de moi ? demanda l'artilleur.

— Si ! quand vous serez libre venez me retrouver ici ; nous souperons ensemble : je vous invite.

Le soldat hésita :

— Au fait, dit-il, je viendrai.

— Ne craignez rien, j'ai de l'argent, et je sais que les militaires n'en ont pas beaucoup... quand ils ne donnent pas des assauts.

— C'est un peu vrai, fit le sous-officier en frappant sur son gousset, qui ne rendit aucun murmure argentin.

Il sortit, tandis que M. Galoppot se tenait en embuscade derrière la vitre.

II

Le client de M. Brochet.

M. Galoppot resta longtemps à sa vitre.

Le soleil descendit derrière le fort Bregille; l'ombre s'épaissit dans la rue d'Arènes. — L'allumeur public fit rayonner les réverbères; M. Brochet ne reparaissait point, et Jacques Bertrand demeurait invisible.

— Je crains bien d'avoir perdu mon temps, murmura le maître d'école tout dépité. — Cependant je ne puis penser que mon cousin veuille me jouer un tour pareil. C'est un jeune homme; mais je crois qu'il est honnête.

Bercé dans cette douce illusion, le pédagogue attendit avec plus de patience.

L'heure du passage écoulée, le sous-officier revint à l'estaminet où s'ennuyait M. Galoppot.

A la vue du militaire avec lequel il avait fait connaissance d'une façon si brusque et si singulière, le maître d'école eut un mouvement de joie.

— Pardié, pensait-il, je serai obligé de le régaler; mais j'aurai du moins un joyeux compagnon, et au besoin un défenseur.

Il accueillit donc le sous-officier comme s'il eût été un ami de dix ans.

— Sapristi! que je m'ennuyais! lui dit-il. Nous allons dîner. Avez-vous la permission de dix heures?

— J'ai même la permission de minuit. Nous autres sous-officiers, on ne nous tient pas aussi sévèrement que les simples soldats : pourvu que nous ne soyons pas hors de la ville après l'heure de la fermeture des portes, c'est tout ce qu'il faut.

— Nous allons donc souper en paix.

Et se tournant vers le propriétaire de l'établissement :

— Ayez, lui dit-il, la complaisance de nous servir près de la fenêtre.

Et il ajouta en s'adressant au soldat :

— Rendez-moi un service. Examinez aussi la porte de M. Brochet, et si vous voyez quelqu'un, faites-moi signe.

— Bon!

Malgré les préoccupations du maître d'école, le repas fut assez gai. Mais à chaque instant le malheureux pédagogue se levait et courait au milieu de la rue.

Tout à coup il rentra brusquement :

— Je viens de le voir! dit-il.

— Qui, votre cousin?

— Non! le docteur!

— Est-ce que vous avez envie de lui chanter une nouvelle gamme?

— Ma foi non! murmura naïvement M. Galoppot.

Le soldat se pencha sur la rue.

— Tenez! dit-il..... voilà probablement votre cousin qui monte chez M. Brochet. Il a en effet l'air d'un maître d'armes en habit bourgeois.

On ne voyait que le dos du personnage que désignait le sous-officier.

Autant qu'on en pouvait juger dans l'obscurité croissante, c'était un homme d'assez haute taille.

— Il ressemble, pour la tournure, à mon cousin, fit le maître d'école; mais mon cousin ne se *met* pas si bien que cela.

L'homme qui frappait à la porte du docteur était vêtu d'une façon somptueuse — relativement.

Il portait une redingote grise qui paraissait toute neuve et dessinait des épaules légèrement anguleuses; — comme on entrait dans les mois d'été, il avait un pantalon blanc collant, se rabattant en forme de guêtres sur des souliers vernis. — Un superbe chapeau de soie à longs poils couvrait sa tête.

Au moment où le maître d'école attachait sur lui les regards de ses petits yeux gris, le personnage en question se retourna et fit voir à M. Galoppot la figure connue de Jacques Bertrand.

— Oh! Jésus-Marie-Joseph, fit-il!... Vous ne vous êtes pas trompé. C'est bien lui!... c'est mon cousin!

— Vous allez lui courir sus?...

— Non! je vais attendre qu'il descende, et je lui parlerai.

Jacques Bertrand monta l'escalier du docteur et s'introduisit chez lui avec la familiarité d'un habitué.

M. Brochet venait de rentrer.

— Ah! je suis aise de vous voir, mon cher... Comment vous appellerai-je?

— Votre client, docteur!...

— Client, soit!...

— Et de combien, docteur?

— Ne parlons pas de cela, mon cher client, cela se retrouvera plus tard...

— Parlons-en, au contraire; car je viens vous faire un nouvel emprunt...

— De?...

— Ce que vous voudrez; vous savez que je ne suis pas exigeant. Un billet de cinq cents, plus cent francs en espèces, voilà tout!

— Je consens à vous les donner; mais, seulement, il faut bien que j'agisse vis-à-vis de vous comme vis-à-vis d'un enfant. Vous jetez votre argent par les fenêtres. Hier soir vous avez perdu cent cinquante francs en jouant à l'écarté chez ma cousine.

— Oui! mais vous en avez gagné deux mille en accouchant la femme du receveur général.

— Ces aubaines-là n'arrivent pas tous les jours. Vous savez que ma clientèle se forme seulement... Je gagne à peine quinze mille francs par an.

— Fichtre!... c'est un beau denier!

— Remarquez que je vous ai déjà remis quinze cents francs que vous avez dévorés en trois mois.

— Vous savez aussi ce que je vous ai donné, moi...

— C'est bien! nous nous entendons!

— Et à quand l'affaire?

— C'est grave! Il ne faut rien brusquer. Je me suis fié à vous; mais il faut être discret. Du reste, j'ai votre signature et je puis vous perdre. Quant à moi, toute ma fortune est en espèce. Je puis gagner la Suisse en trois heures; et une fois en Suisse, je suis à l'abri...

— Je le sais!

— Alors! suivez mes avis, et vous ne manquerez de rien. A propos, quand comptez-vous retourner à Freysolles?

— Moi?...

— Oui!

— Ma foi! Vous faites bien de me rappeler cela! Je n'y songeais pardieu plus!

— Diable ! Et cette pauvre fille ?
— Quelle pauvre fille ?
— Celle de l'instituteur ?
— Ma foi ! je n'y songeais pas davantage. Mais qui diable a pu vous dire cela ?
— C'est le pauvre diable de maître d'école qui vous poursuit partout. Il est venu chez moi tantôt !
— Comment, mon cousin Galoppot est ici ?
— Il y était ; mais je lui ai dit qu'il ne devait pas compter sur votre alliance.
— Fichtre !... Je ne sais maintenant de quel front j'oserais me présenter devant lui !
— Bah ! une promesse ne tire pas à conséquence !
— Vous croyez ?
— Oui !...
— Alors, je n'ai pas à m'inquiéter ; vous êtes un grand casuiste, et je suis vos avis comme vous me l'avez ordonné...
— Ordonné, n'est pas le mot. Mais comment entendez-vous suivre mes avis ?
— Pardieu ! Je vais réaliser quelques économies. Pour cela, je retourne à Freysolles... pour une huitaine de jours.
— Cette fille est-elle jolie ?
— Jolie comme une grosse paysanne ; bras rouges, figure rouge !...
— Une pataude ?
— C'est le mot.
— Et comment trouvez-vous mademoiselle Désarbres ?
— Ceci, c'est différent. — Mais mes séductions échouent contre sa froideur.
— Bah ! quand vous serez riche, mon cher client, personne ne vous résistera ; mais il faudrait, autant que possible, réformer un peu votre langage. Je ne dis pas que vous ne vous exprimiez pas très-bien quand vous le voulez. Vous avez de l'esprit, une certaine éducation ; mais vous n'avez pas vu le monde ; vous êtes pas poli à ce contact. — Croyez-moi donc !... renoncez à vos basses fréquentations. Lisez les bons auteurs, et vous verrez.

Le soldat souriait.

— Savez-vous, au moins, que vous êtes joli garçon, quand vous voulez ?

Jacques Bertrand passa ses doigts sur ses moustaches de chat et prit un air de matamore.

— Voilà, maintenant, que vous n'êtes plus joli garçon. Voyons, c'est un mauvais air que celui-là. Vous avez l'attitude d'un bretteur déguisé ; d'un capitaine Spavento quelconque.

— Allons ! je ferai ce que vous voudrez ! Tenez ! si vous le désirez, je me courberai comme un moine qui demande l'aumône ou comme un portier la veille du jour de l'an ! Ai-je une belle tournure comme ceci ?

Le soldat se mit à faire une collection de grimaces renouvelées des estropiés de Callot.

— Vous êtes hideux !

— C'est bien ! mais donnez-moi l'argent que je vous ai demandé, et je serai superbe.

Le médecin s'empressa de compter cent francs en espèces à Jacques Bertrand, et il lui remit en même temps un billet de cinq cents francs.

Le soldat enfouit le tout dans une des poches de son pantalon.

— Maintenant, dit-il ; je vais assurer ma place pour la patache et disparaître. Et soyez tranquille, je ne fréquenterai que des gens excessivement savants, y compris mon cousin Galoppot.

— Et sa fille, ajouta le médecin en souriant.

— Bien entendu !

Jacques Bertrand sortit en décrivant une pirouette de bon goût.

Dès qu'il fut dehors, le médecin tira d'un des tiroirs de son secrétaire une liasse de papiers jaunis par un long usage. Il étudia les caractères avec ténacité, les calqua, en reproduisit une partie sur une feuille de papier blanc étendu devant lui.

— C'est à peu près cela, dit-il, avec une satisfaction visible ! Il n'y a que la signature qui n'est pas parfaitement imitée. Maintenant, il faut précipiter les choses.

Il prit sur une étagère une fiole pleine d'un liquide rougeâtre.

Après avoir examiné longuement le contenu de cette fiole placée entre les rayons de ses yeux et ceux d'une lampe que son domestique venait de placer sur son bureau, il murmura :

— Encore cinq ou six mois... peut-être moins, c'est *selon* !...

Puis il déposa la fiole. Il cacha sa tête dans ses mains, et se mit à penser tout haut :

— Cent mille francs, d'un côté, dit-il ; deux cent mille de l'autre !... Oh ! si j'avais pu corrompre un notaire ! Mais non ! Ils *travailleront* aussi... pour eux... ceux-là !...

« Oh ! avec trois cent mille francs !...

« L'or, en ce monde, est souverain. Il rayonne dans l'ombre. C'est la clef et c'est le verrou ! Bon Dieu ! ai-je déjà travaillé pour avoir de l'or !... Voilà vingt ans que je sue ; que je lutte !... Cela arrivera-t-il ?... Oui ! non ! Terrible balance ! perplexité sombre !...

« Et je sens que mon courage faiblit !... Il faut que j'aie toutes les joies de la vie après en avoir subi tous les combats ! ou bien... je jetterai ma cervelle au plafond le soir où je verrai qu'il faut que je me remette au travail pour vivre dans les conditions que j'ambitionne.

« Oh ! vivre de rien !... être toujours obligé de se courber, de demander des *honoraires*, de m'entendre dire par celui-ci : c'est trop cher ; par celui-là : vous ne m'avez pas guéri !...

« Puis la médecine !... triste science !... comme elle corrompt l'âme !... comme elle dépoétise la vie !... Dire que d'un coup de scalpel je peux retrancher une existence ! Croyez en Dieu après cela ; croyez en Dieu, quand moi, simple créature, je puis tranquillement supprimer son œuvre en appuyant la main sur un nerf, sur un viscère... Triste science !...

« Et dire que l'or me donnera des ailes, l'indépendance, la liberté !... que j'aurai le droit de baiser des lèvres de femmes, sans que personne me dise : aime ! — que j'aurai toutes les jouissances sans en connaître les épines !...

« L'or est le vrai Dieu ! C'est être religieux que de chercher l'or ! L'or est le grand Tout !

« Qu'est-ce que je ne pourrai pas avoir avec l'or ?

« — L'honneur ! la joie ! l'amour ! la paix ! répondait la conscience !...

« — Bah ! reprenait le mauvais ange... L'honneur ! c'est un peu de boue que l'on farde ! On a de l'honneur quand on est riche. Les hommes vous saluent. On vous nomme député ! J'en connais qui ne sont pas riches !...

« La joie ? qu'est-ce que c'est ? N'est-ce point le sentiment intime que l'on éprouve lorsqu'on jouit de tout ce que l'on désire ? Et les richesses ne le donnent-elles pas, ce sentiment intime de satisfaction !...

« Et l'amour, l'or ne l'achète-t-il pas ? Et la tranquillité ne résulte-t-elle pas de la négation des exigences d'une vie tourmentée par le besoin ?...

Le médecin se leva.

— De l'or ! s'écria-t-il. De l'or !... J'en aurai !...

Il retomba dans son fauteuil, les coudes appuyés sur son bureau, la tête cachée dans ses mains.

La porte s'ouvrit.

Une femme qui paraissait avoir une trentaine d'années, une femme encore belle, parée comme une reine de Longchamps, entra familièrement dans le cabinet du docteur.

— Bonsoir, mon ami, lui dit-elle en l'embrassant avec le sans-façon d'une maîtresse devenue amie, comment vas-tu ce soir ?

— C'est à moi de te demander cela, Henriette ; je suis médecin.

— Même auprès de moi ?

— Auprès de toi surtout.

— Eh bien ! donne-moi une consultation !

— Gratuite ?

— Non ! je te la paierai.

— Je veux des arrhes !

Là la jeune femme embrassa de nouveau le docteur.

— Je suis prêt maintenant, dit-il.

— Eh bien ! mon cher ! je suis malade, et très-malade !

— Est-ce au cœur ?

— Non ! c'est à la tête ! Je cherche en vain le moyen de trouver spirituel et possible l'ours que tu as bien voulu m'adresser.

— Bah !...

— Oui ! c'est comme cela ! J'ai beau avoir le cœur assez large pour y loger une foule d'affections, celle-là ne veut pas y entrer.

— Il faut faire un effort, mademoiselle Désarbres.

— Tu devrais plutôt dire à ce sacripant d'être plus aimable. Sais-tu la jolie galanterie qu'il m'a faite ?

— Je m'attends à tout.

— Il m'a dit qu'il m'apprendrait l'escrime !

Le docteur se mit à rire ; mais il redevint bientôt sérieux.

Il ne manque cependant pas d'un certain esprit. Pour t'avoir dit cette lourde bêtise, il faut qu'il soit très-amoureux de toi.

— Tu crois ?

— J'en suis sûr.

— Alors je n'ai plus la force de rire encore de ce pauvre garçon.

— Tu as le droit d'en rire... entre nous ! mais donne-lui quelques bonnes paroles. Tu verras qu'il se formera... Il n'y a rien de si facile que de retourner un homme quand on est jolie femme.

— Tu ne m'aimes donc plus, toi ?...

— Si ! mais je ne t'épouserai jamais !

— Allons ! Peut-être ne voudrais-je non plus t'épouser. Tu es pour moi une énigme indéchiffrable ; mais je ne désire pas en avoir le mot.

— Tant mieux, ma chère, nous nous aimerons mieux et plus longtemps.

III

Retour à Freysolles.

Quand Jacques Bertrand sortit de chez le docteur, le maître d'école commençait à se lasser de sa longue attente...

A l'aspect du costume *splendide* de son cousin, sa timidité faillit s'emparer de lui ; mais le souvenir de sa Julie lui revint à l'esprit et il s'avança courageusement au devant du maître d'armes.

— Monsieur ? lui dit-il.

Jacques Bertrand regarda l'homme qui l'arrêtait et dont le visage était illuminé par les rayons d'un réverbère.

Il n'eut pas de peine à reconnaître M. Galoppot.

— Tiens ! c'est vous, mon cher cousin ! et par quel heureux hasard êtes-vous ici ?

— Mais, balbutia le maître d'école, je venais savoir de vos nouvelles...

— Vous étiez donc en peine de moi, mon cher cousin ?

— Oui, moi d'abord ; ensuite Julie, qui demande à vous revoir depuis que vous êtes parti.

— Cher ange ! J'étais bien chagrin aussi. Mais les affaires avant tout. Vous comprenez, mon cousin.

— Entrons ici, je suis avec un artilleur qui m'a rendu quelques services et que j'ai invité à dîner. Nous prendrons quelque chose ensemble.

— Quel est cet artilleur ?

— Je ne le connais pas !..

— Allons ! ça ne fait rien, entrons tout de même... seulement, je tiendrais à retenir ma place au bureau des diligences.

— Jésus-Marie-Joseph !... Où allez-vous donc ?

— Parbleu ! vous ne comprenez pas ?

— Ma foi non ! à moins que...

— Eh bien ! je retourne à Freysolles.

Le maître d'école sauta au cou de son cousin.

— Oh ! mon gendre !... Vous aimez donc encore ma fille ?

— Je n'ai jamais cessé de l'aimer. Et à cause de l'absence, je l'aime encore aujourd'hui davantage. Aussi, il me tarde de la revoir !

— Nous ne pouvons partir ce soir, dans tous les cas.— La patache ne s'en va que demain.

— Allons, entrons !

Le prévôt d'armes pénétra dans le café d'un pas grave. Il jeta sur l'artilleur un coup d'œil qu'il essaya de rendre profond.

— Tiens, dit-il, après l'avoir toisé de la tête aux pieds, est-ce que vous ne sortez pas du train des équipages, camarade ?

— Pardon !... J'étais à la prise d'Alger.

— Il me semblait bien que je vous connaissais. Est-ce que vous ne vous nommez pas Moreau !

— Si, parbleu ! Je me rappelle maintenant votre figure. Quand votre cousin m'a dit Bertrand, je ne songeais nullement à vous.

— Tonnerre !... Je suis heureux de vous rencontrer. Vous avez soupé ?

— Oui, avec votre cousin.

— Corbleu ! nous allons renouveler connaissance, mon cher Moreau.

Le cousin Jacques changea son billet de cinq cents francs ; il prévoyait qu'il ne trouverait pas le moyen de le changer à Freysolles.

Puis, tous trois, ils se perdirent dans l'ombre de la nuit.

Dire ce qu'il leur arriva ne nous est pas possible. Nous sous-entendons donc cette nuit orgique pendant laquelle le maître d'école, hébété par l'ivresse, ne vit pas les horreurs qui se commirent autour de lui et qu'il commit peut-être lui-même... innocemment.

Pauvre M. Galoppot !... Le destin qui le promena durant toute cette nuit, de la goguette au café, du café au cabaret dans des lieux innomés, le prit au milieu de la double ivresse produite par la joie et par le vin, par le vin et par la joie.

Le philosophe dit : *horreur* ! Disons : *indulgence* !

Que le lecteur, lui aussi, soit indulgent pour les nombreuses bouteilles vidées par nos héros dans le courant de ce récit.

Au village, en Franche-Comté, en Bourgogne, presque partout, on s'énivre sous tous les prétextes et sans aucun prétexte. — Il n'est si belle fête qu'elle ne se termine par une ébriété générale.

Au milieu des toasts sans cesse répétés, comme certains tableaux qui se produisent toujours sur un même fond, les passions s'agitent, les physionomies se dessinent, le grand but de la vie s'accomplit sous l'œil de Dieu.

Qu'on ne nous dise pas que nous *encanaillons* les paysans ; que nous ne respectons ni l'âge ni les fonctions, ni le caractère. — Nous daguerréotypons. — Tous les masques que nous faisons passer sous les regards de nos lecteurs, ont les couleurs de la vie ; ils palpitent ; ils existent. Qu'importe que ces masques soient grotesques ou hideux, s'ils recouvrent des traits humains !

Sur ce, revenons à nos moutons...

Le lendemain matin, Jacques Bertrand et son cousin se trouvèrent dans la cour des messageries sans trop savoir comment ils y étaient arrivés.

Quatre heures après, ils descendaient à Freysolles, assez mal reposés par les intervalles de sommeil qui avaient entrecoupé leur voyage.

En rentrant dans le village, le soldat ne put s'empêcher de demander avec une certaine anxiété à son cousin ce qu'était devenu le Baraquer.

— Oh ! ne vous inquiétez pas de ce sauvage, répondit le maître d'école. Il reviendra au moment où nous l'attendrons le moins.

Ils regagnèrent la cour de l'école.

Au bruit de la patache, les deux femmes étaient sorties, l'une impatiente, c'était la mère ; l'autre émue et tremblante, c'était Julie.

Mais la vue de son fiancé lui rendit plus de joie qu'elle n'avait eu de chagrin.

Elle s'élança tout en pleurs au cou du soldat qui fut ému lui-même... pendant quelques secondes... — Il embrassa la jeune fille avec effusion.

— Enfin vous m'êtes rendu ! lui dit-elle tout bas.
— Je n'étais pas loin, ma bonne Julie ! Et je songeais à vous.
— Oh ! en ce moment surtout, vous deviez bien songer à moi ; car... car moi, je n'ai pas cessé un seul instant de songer à vous.
— Est-ce qu'elle aurait du cœur ? pensa le soldat ; alors ce serait vraiment malheureux.

Il embrassa de nouveau Julie.

— Oh ! murmura la jeune fille à l'oreille du soldat, venez ce soir où vous savez ! J'ai bien des choses à vous dire.
— J'y serai, Julie, soyez-en sûre.
— Oh ! mon ami !... que je suis malheureuse !
— Malheureuse, vous !...
— Je le prévoyais bien ! c'est une femme qui m'a souhaité la bonne année la première... Signe de malheur ! Le jour où je vous ai connu, j'ai renversé une salière, — en sortant, le lendemain, j'ai vu des pailles en croix !... tout cela me fait peur...
— Julie, fit sévèrement le soldat, qui sentait battre en lui la fibre de la crainte, je te défends de songer à ces choses-là, entends-tu bien ? C'est une folle superstition ! une tradition stupide. Je t'aime, que peux-tu craindre !...
— Si tu m'aimes, je suis bien heureuse !
— Vrai !
— Oh, vrai ! car maintenant surtout, j'ai besoin, j'ai soif de ton amour...

Le maître d'école s'était retiré discrètement pendant l'entretien des deux jeunes gens.

En entendant la répétition d'une pensée que Julie venait d'exprimer un instant auparavant, le soldat frémit.

— Diable ! pensa-t-il, si *cela* était, cela compliquerait la situation...

Il se rapprocha du maître d'école et de sa femme. Celle-ci le reçut également à bras ouverts.

— Ah ! vous revoici, dit-elle ; tant mieux ! Nous avons tué un mouton ces jours-ci ; vous en profiterez.

La journée se passa en réjouissances de toute sorte ; mais Julie attendait le soir avec impatience.

Dès que les étoiles commencèrent à briller, elle prétexta un violent mal de tête et se retira dans sa chambre.

Une heure après, le maître d'école et sa femme allèrent se coucher à leur tour.

Jacques Bertrand vint à la fenêtre qui s'ouvrit ; il entra dans la chambre de la jeune fille.

Aux lueurs d'une veilleuse qui brûlait sur la table de nuit, le soldat put remarquer que Julie était un peu changée.

Elle n'était pas couchée.

Assise sur une chaise de bois, le coude appuyé sur son lit, elle sanglottait.

— Qu'avez-vous, Julie ? Qu'as-tu, mon ange ? demanda le soldat en s'agenouillant devant elle.
— Regarde-moi bien, Jacques.

Julie n'était plus la robuste jeune fille d'il y avait quelques mois. Son visage s'était dépouillé de ses vives couleurs. Elle était pâle ; mais ce qu'elle avait perdu en rougeur elle le gagnait en véritable beauté.

Cette métamorphose de l'amour la rendait intéressante.

— C'est vrai ! dit-il, tu es plus belle que jamais.
— Hélas !
— Allons, petite folle, explique-moi ces hélas !... ces soupirs que tu pousses depuis le matin.
— Je n'ose !

Elle se jeta tout en larmes au cou de son amant.

— Tu es enceinte ? murmura le soldat à voix basse.
— Oui ! répondit faiblement Julie.

Et un nouveau sanglot déchira son gosier.

Le soldat s'attendait à cette réponse de la jeune fille ; néanmoins, il tressaillit.

— Diable !... pensa-t-il, ma position devient de plus en plus difficile ; il faut que j'écrive au docteur !...

Il releva sa maîtresse.

— Ne t'inquiète pas de cela, ma chère Julie, dit-il ! Cet enfant sera le bien-venu ; c'est un nouveau lien qui t'attache à moi, sois sûre que je ne l'abandonnerai point, ni toi non plus.
— Oh ! alors, je le répète : je suis bien heureuse ! Mais, hâte-toi !... fais tes affaires ! Oh ! le jour de mon mariage sera le premier jour de ma vie. Je n'ai pas vécu jusqu'à présent. C'est comme si j'avais été morte ! Oh ! mon ami !... hâte-toi ! Tiens ! ces quinze jours que tu viens de passer loin de moi m'ont vieillie de quinze ans. Regarde encore comme je suis devenue pâle. Oh ! si tu t'éloignais de nouveau, j'en mourrais.

Jacques Bertrand prit un air navré.

— Il faudra bien cependant que tu te résignes, pauvre amie, fit-il avec un soupir ! Mes affaires ne sont pas encore terminées.
— Depuis si longtemps ?...
— Oui, ma chère !... Et Dieu sait si j'ai travaillé ! J'ai donné cinq assauts consécutifs ; j'ai gagné plusieurs centaines de francs ; mais cela ne suffit pas pour s'établir.
— Mais quand nous serons mariés, qui t'empêchera de donner autant d'assauts que tu voudras ?
— Rien ! certainement !... Mais pour un homme conve-

nable, c'est-à-dire marié, cette occupation n'est pas décente.

— Ah !...

— Du reste, mon congé définitif n'arrive que dans deux ou trois mois ; il me serait impossible de me marier avant cette époque.

— O mon Dieu !

— Mais, calme-toi, mon enfant. Je te jure sur tout ce que j'ai de plus sacré que tu seras ma femme !...

— Dieu t'entend, Jacques. Ah ! si tu m'abandonnais comme tant d'autres abandonnent les pauvres filles, je n'oserais pas te maudire, moi ; mais Dieu te maudirait et tu ne finirais pas bien. Crois-moi ! sois fidèle au serment que tu viens de prononcer et tu ne t'en repentiras point !

Les premières douleurs de l'amour avaient donné une certaine éloquence à la jeune fille. — Le soldat se sentit touché malgré lui par ces paroles profondes. — Un instant l'idée lui vint d'abandonner tous ses ambitieux projets ; la pensée d'une douce et simple union contractée loin des trames dans lesquelles il s'empêtrait, se présentait à son cœur et à son esprit.

Mais il réfléchit que tout ce qu'il avait dit aux parents de sa fiancée n'était qu'un leurre ; qu'il ne savait pas gagner sa vie, qu'une fois marié, il se trouverait forcément à la charge de M. Galoppot.

D'un autre côté, il n'était à peu près certain d'hériter de M. de Champcarré qu'à la suite de la réussite d'un coupable projet combiné entre le docteur et lui.

— Je ne l'épouserai point pauvre, — se dit-il ; — si je suis riche, pourrais-je encore l'épouser ? voilà la question.

Et il conclut en lui-même :

— Laissons mûrir les temps. Ne précipitons rien. La force des choses est la grande force. Le jour viendra où le sort se chargera lui-même de modifier une idée dans un sens ou dans un autre...

— Sois confiante, mon ange, ajouta-t-il à haute voix. Je ne jure jamais en vain : ce que j'ai promis, je le tiendrai.

Une heure après, Jacques Bertrand sortit de la chambre de Julie.

La lune commençait son ascension dans le ciel, ses rayons éclataient au-dessus des sombres nuages de la nuit.

Aux lueurs pâles de l'astre, Jacques Bertrand vit une ombre qui glissait autour des palissades du petit jardin, et semblait s'enfoncer, avec les ondulations lentes et solennelles d'un fantôme, dans les herbes épaisses qui croissaient autour de la maison d'école.

— Qui diable cela peut-il être ? se demanda le soldat en regagnant la route. Il faut que je le sache...

Il fit donc le tour de la maison de l'instituteur auprès de laquelle la route du Mortard se tordait comme un long serpent grisâtre coupé çà et là par des buissons et des arbres.

D'abord, il ne vit personne. La route était déserte comme une âme sans amour. — Elle allait se perdre dans les brumes lointaines sans qu'un seul point mouvant apparaissant sur sa surface immobile, révélât la présence d'un être vivant.

Cependant, quand ses yeux se furent habitués à l'obscurité, il distingua dans l'éloignement une forme humaine qui se mouvait sur l'horizon et paraissait vouloir gagner la route.

— Le poursuivrai-je ? pensa-t-il.

Avant qu'il n'eût délibéré avec lui-même, il se trouva sur le chemin du Mortard à la poursuite de l'être inconnu qui semblait le surveiller.

Mais l'apparition marchait avec rapidité ; elle se dirigeait du côté de la Combe-aux-Chevaux.

— Tonnerre ! murmura le soldat, qu'est-ce que cela signifie ? où va-t-il ?...

Poussé par un vertige, il se mit à courir dans la même direction.

Il arriva bientôt non loin du théâtre de son duel avec le Baraquer.

L'apparition s'évanouit...

Alors, poussé par le même vertige, il se pencha sur le lugubre entonnoir.

— Horreur !...

Le cadavre du Baraquer était étendu dans le fond du gouffre. La lune éclairait son visage pâle sur lequel la mort avait imprimé son cachet.

Jacques Bertrand poussa un cri.

Comme Caïn poursuivi par la vengeance de Dieu, il courait, sa tête pressée entre ses mains, ne sachant où il allait.

Il vint se heurter contre l'angle d'une maison située à l'une des extrémités du village de Freysolles.

La sensation de douleur qu'il éprouva lui rendit la lucidité de son esprit.

Il reprit le chemin de la maison d'école, remonta dans sa chambre et se coucha tout grelottant, comme si l'on eût été dans les mois les plus durs de l'hiver.

IV

Bon ange et mauvais ange.

Le lendemain, Jacques Bertrand sentait dans ses veines une fièvre ardente.

Pendant le peu de temps qu'il avait dormi, de funèbres visions étaient venues visiter son sommeil.

Le spectre du Baraquer passait autour de ses rideaux. Il le voyait couvert du blanc suaire, portant le fer dans sa plaie et poussant des sanglots et des râles.

Quand le maître d'école entra dans la chambre, il fut étonné de la décomposition du visage de son cousin.

— Jésus-Marie-Joseph ! s'écria-t-il ; est-ce que vous êtes malade, mon cher Jacques ?

— Oui ! répondit faiblement le soldat. J'ai la fièvre. Je brûle et j'ai froid.

— Il faut appeler un médecin.

— Non ! ce soir je retournerai à Besançon.

Le maître d'école devint rêveur, et il demanda :

— Croyez-vous que ce soit bien nécessaire et pensez-vous que vous pourrez supporter la voiture ?

— Je ne sais. Dans tous les cas, je ne veux pas obliger le docteur à venir s'asseoir à mon chevet.

Un combat se livrait dans l'âme de M. Galoppot. D'un côté, il aurait voulu pouvoir conserver son cousin auprès de lui ; d'un autre côté, craignant que sa maladie ne fût trop longue, il reculait devant les soins constants, intelligents et répétés qu'il serait obligé de lui donner.

Car, l'aspect du soldat lui faisait penser que cette maladie serait de longue durée.

En effet, jamais une seule nuit n'avait causé autant de ravages sur une figure humaine.

Jacques Bertrand n'avait à aucune époque brillé par l'embonpoint. Mais en ce moment son visage accusait une foule d'angles qu'on n'apercevait pas habituellement. Les pommettes de son front saillaient sous l'épiderme comme des os de mort sous un linceul trop étroit.

Ses yeux irrisés d'une flamme sanglante sortaient à demi de leurs orbites, et roulaient avec de fauves lueurs.

Ses cheveux collés le long de ses tempes perdaient peu à peu leur ton roussâtre et semblaient avoir blanchi.

Le maître d'école n'ajouta pas un seul mot.

Il descendit au rez-de-chaussée.

— Fais un peu de tisane à ton cousin, dit-il à sa femme ; je crains bien que le pauvre garçon ne soit sérieusement indisposé...

— Bah ?

— C'est comme cela.

— Doux Jésus !... Lui qui se portait si bien hier soir.

— Ah ! on se porte bien la veille et on meurt le lendemain.

En entendant ces paroles, Julie faillit s'évanouir.

Sans rien dire à son père ni à sa mère, elle monta rapidement dans la chambre de son fiancé.

— Mon Dieu, Jacques, que t'est-il donc arrivé ? lui demanda-t-elle, en le couvrant de baisers.

Jacques Bertrand n'avait point encore recouvré l'entier usage de ses facultés.

— Oh ! je l'ai vu ! je l'ai vu ! balbutia-t-il.

— Qui donc ?

— Lui ! lui !

— Qui lui ?

Le soldat se dressa sur son séant, à la voix de sa maîtresse qu'il reconnut enfin.

— C'est toi, Julie ? dit-il.

— Oui, mon ami !... qu'as-tu donc ? qu'est-ce que tu as vu ? qu'est-ce qui t'a épouvanté ?

La raison était revenue au soldat.

— Il faut que je retourne à Besançon, répéta-t-il.

— Toi ? Tu veux partir !...

— Oui ! Le séjour de Freysolles me pèse. J'ai vu des choses effrayantes. Je ne veux pas rester ici !...

Julie se mit à pleurer en s'écriant :

— Quoi ! Tu aurais le cœur de me quitter ?

— Non, non ! balbutia Bertrand... Non ! Tu viendras avec moi. Tu ne me quitteras pas ! Je t'emmènerai. Tu seras ma femme, ma compagne !...

— Comment ! Jacques ! quitter ma famille avant d'être mariée. Oh ! marions-nous et je te suivrai jusqu'au bout du monde.

— Oui ! sois tranquille ! Nous nous marierons ! Mais mon Dieu ! dis un peu à ton père de monter auprès de moi, seul... tu entends... J'ai quelque chose à lui dire !...

Julie descendit et son père remonta.

— Ecoutez, lui dit Jacques. Hier au soir, vous savez l'heure à laquelle je vous ai quitté...

— Oui ! quand je suis allé me coucher.

— Précisément. Eh bien ! j'avais la migraine ; au lieu d'aller me coucher de mon côté, je me suis promené.

— Jésus-Marie-Joseph !... vous auriez dû me le dire. Je vous aurais accompagné...

Un pâle sourire glissa sur les lèvres du soldat. — Il reprit :

— Machinalement mes pas m'ont conduit jusqu'à ce champ qui est au pied de la montagne... Comment le nommez-vous ?

— La *Combe-aux-Chevaux*.

— Oui !

— Comment, diable ! avez-vous pu aller jusque-là ?

— Je ne sais, vous dis-je ? Mais j'y suis allé. Là j'ai vu un spectacle horrible...

— Vous me faites peur ! — Qu'est-ce que vous avez vu ?...

— Dans le fond de la combe gisait un cadavre sanglant percé d'un coup d'épée !...

— O mon Dieu ! Il y a donc des assassins par là ?

— Je n'en sais rien.

— Ce serait abominable ! Dans un pays aussi tranquille...

— Ce que je vous demande c'est d'aller jusque-là et de me dire ce que vous aurez vu...

— Je veux bien ! Ce serait le diable si l'on m'attaquait en plein jour ! J'y vais de ce pas, et gare à ceux qui viendraient se frotter à moi...

Tout en descendant l'escalier, le maître d'école se prit à réfléchir.

— Fichtre ! se dit-il, qui sait ? Ces brigands sont si audacieux. On pourrait peut-être supposer que je suis cousu d'argent. Ah ! ah ! je n'irai pas tout seul.

Sur sa porte le maître d'école rencontra le père Grisey qui causait avec madame Galoppot.

— Vous ne savez pas ? lui dit-il.

— Non !

— Eh bien ! si mon cousin est malade, c'est parce qu'il a vu des voleurs cette nuit en se promenant près de la Combe-aux-Chevaux.

— Des voleurs ! répéta le père Grisey. Diable ! diable ! C'est comme celui qui était au bois du Mortard ces temps derniers... Vous en avez entendu parler ?

— Ma foi, non !

— Eh bien ! il volait d'une drôle de façon. Profitant de l'été, il habitait ou plutôt se cachait dans le bois ; et quand les femmes passaient le matin pour aller porter du beurre au marché, il se déshabillait tout nu et bondissait sur la route.

— Ah ! l'horreur... fit madame Galoppot scandalisée.

— Alors, continua le père Grisey, les femmes se sauvaient en laissant tomber leurs paniers. Le voleur s'en emparait et le tour était joué.

— C'était adroit !

— Tout nu ! tout nu ! répéta la dame Barbe avec une pudique indignation.

— Oh ! nu ! ce qu'il y a de plus nu ! Nu comme un serpent écorché !

— Sapristi. Et on l'a pris comme ça ?

— Ma foi, oui !

— Oh ! ces gendarmes n'ont point de pudeur.

— Il est question de choses plus sérieuses, fit l'instituteur ! Il s'agirait de savoir si ces voleurs sont en nombre. Et, je vous le confie à l'oreille, mon cousin m'a dit qu'il avait vu un cadavre dans l'entonnoir.

— Ah ! diable !...

— Venez-vous avec moi, monsieur Grisey ?...

— Certainement ! Mais je veux prendre mon fusil !...

— Prenez ! moi, il faut que je me munisse d'une arme aussi. Ah ! voici une *tonne* (1) à fendre du bois.

— Oh ! avec un pareil morceau il n'y a pas de crainte.

Le maître d'école et le père Grisey se dirigèrent vers le bureau de tabac.

M. Grisey prit son fusil, et les deux compagnons partirent pour la Combe-aux-Chevaux.

A la vue de ces deux hommes belliqueux qui semaient autour d'eux la nouvelle d'une apparition de brigands, tout le village fut en émoi.

Une douzaine de jeunes garçons armés de fourches, de piques et de faulx se mirent en marche sur les pas du buraliste et du maître d'école :

— Qu'est-ce qui g'nia ? demandaient les femmes.

(1) Maillet de bois.

— Une volée de brigands que nous allons tuer!...
— Ah! ne vous en allez pas. Tas de fantômes! vous allez vous faire *esquinter*.
— Bote!... Nous nous moquons bien d'eux. Nous sommes en nombre.

Mais plus ils approchaient de l'endroit fatal, plus leur ardeur diminuait.

Quand ils arrivèrent à la Combe-aux-Chevaux, une longue file d'hommes, dont les derniers points apparaissaient auprès des dernières maisons du village, indiquait que la vitesse ou le courage n'avaient pas été les mêmes.

Comme dans le combat des Horaces et des Curiaces, les habitants de Freysolles s'échelonnaient imprudemment.

Un mouvement de recul eut lieu lorsqu'on aperçut les buissons qui entouraient la Combe.

Cependant, le maître d'école, qui avait donné le branle à l'élan public, crut devoir s'élancer en avant.

Pareil à la souris de La Fontaine, il fit un pas, puis deux, battit en retraite, revint, retourna.

Enfin, il se décida à regarder dans l'entonnoir.

Il ne vit rien.

— Retournons à Freysolles, messieurs, dit-il avec solennité. Les voleurs vaincus par le sang-froid, l'adresse et la vigueur de mon cousin Jacques Bertrand, se sont enfuis pour jamais de notre territoire!...

Electrisés par cette pompeuse harangue, les Freysoliens virèrent de bord et rentrèrent dans leur village en chantant le *Chant du Départ*.

Longtemps après cet événement extraordinaire on s'en entretenait encore, et Jacques Bertrand fut pendant plus d'un mois l'objet et le héros de toutes les conversations.

Pendant ce temps, la maladie du soldat empirait. Ainsi que l'avait prévu le maître d'école, elle menaçait de traîner en longueur.

Néanmoins, Jacques Bertrand n'avait plus reparlé de son départ pour Besançon.

Environné des prévenances assidues de madame Galoppot et des soins touchants de sa fille, il semblait ne plus s'occuper que de sa maladie et des hôtes chez lesquels il se trouvait.

Julie semblait heureuse de la sollicitude avec laquelle elle veillait sur son malade.

— J'aime encore mieux qu'il soit ici, malade, pensait-elle, que de le voir loin de moi, entre les mains de je ne sais qui. Du moins, ici, je l'entends, je puis le regarder à mon aise; peut-être aura-t-il quelque reconnaissance de mes soins.

Quant au maître d'école, il visitait fréquemment son cousin : mais dans les conversations qu'il avait avec lui, il ne parlait jamais ni de sa visite au docteur ni de la nuit qu'il avait passée à Besançon.

Cependant ces deux souvenirs lui revenaient souvent à la pensée.

Quand il eut cessé de se préoccuper des voleurs, la réminiscence des paroles fatales du docteur l'envahit de nouveau.

Il aurait voulu pour beaucoup connaître la nature des relations de son cousin avec M. Brochet; mais il osait d'autant moins interroger le soldat que celui-ci était plus discret à cet égard.

Un jour cependant, monsieur le docteur arriva lui-même chez l'instituteur.

Il sembla, d'après la manière dont il se présenta chez le maître d'école, qu'il avait oublié les griefs qu'il devait nourrir contre lui.

— M. Bertrand demeure-t-il toujours chez vous? demanda-t-il avec assez de politesse au maître d'école.
— Oui, répondit sèchement M. Galoppot.

Le docteur n'ajouta pas un mot et il monta au premier étage.

A la vue de Julie assise familièrement sur le pied du lit de Bertrand, un froncement de sourcils dessina au-dessus du nez du docteur le fer à cheval des Redganutlet.

Il fit un geste qui pouvait se traduire par ces mots :
— Quelle est cette jeune fille?

Le soldat répondit :
— C'est mademoiselle Galoppot.

M. Brochet examina Julie d'un air qui fit baisser les yeux à la pauvre fille :
— Vous êtes enceinte, mademoiselle, lui dit-il brusquement.

Julie ne répondit rien. Elle pâlit et chancela sous le coup de cette parole inattendue.

Sans s'inquiéter plus longtemps de la présence de Julie, le docteur dit à Jacques :
— Je désirerais être seul avec vous.

Jacques fit un signe, et Julie, plus morte que vive, sortit machinalement.

Quand le bruit de ses pas se fut éteint dans l'escalier, le docteur constata que personne n'écoutait derrière la porte, puis il revint au lit du malade.

Il lui tâta le pouls, lui fit tirer la langue : et après une auscultation superficielle :
— Dans huit jours vous pourrez vous lever, dit-il; maintenant, parlons de choses sérieuses.
— Parlons, répéta le soldat comme un écho.
— A quoi vous résolvez-vous, maintenant?
— Ma foi! je n'en sais rien.
— Je suppose que votre grand projet n'est pas abandonné?
— Lequel?

Le docteur fixa sur son client un œil étonné.
— Comment! lequel? demanda-t-il.
— Quand vous me l'aurez dit, je le saurai.
— Eh! mais ce projet d'union?
— Ah! mon cher docteur, je ne sais plus sur quoi ni sur qui je dois compter! Mademoiselle Désarbres ne m'aimera peut-être jamais, tandis que...
— Oui! tandis que cette péronnelle qui sort d'ici vous aimera beaucoup trop.
— Je ne vois pas que ce soit un mal.
— Mon cher, l'excès d'amour engendre la jalousie!
— J'aime mieux qu'elle soit jalouse de moi, que d'être moi-même jaloux d'elle.
— Vous êtes un enfant et un fou. Voulez-vous répondre à mes questions?
— Je le veux bien.
— Qu'avez-vous l'intention de faire lorsque vous aurez hérité?
— Je monterai ma maison.
— Bien! Vous recevrez?
— Oui!
— Vous verrez une certaine société?
— Evidemment.
— Eh bien! mon cher, que diable voulez-vous qu'une petite paysanne de cette sorte fasse à la tête de la maison d'un millionnaire?
— Ma foi! je ne vois pas trop... Mais si je n'hérite pas?
— Je vous assure que vous hériterez.
— Alors! cela fera changer mes idées.
— Il faut dans cette vie avoir les idées nettement arrêtées, sous peine de ne réussir en rien. Donc, répondez-

moi : Si vous héritez épouserez-vous, oui ou non, mademoiselle Galoppot ou Galoppin?... Ce nom est affreux!...
— Eh bien! si j'hérite, non! je ne l'épouserai pas!
Le docteur serra la main de son malade.
— Je suis content de cette décision, mon cher! Vous vous en trouverez bien. D'ailleurs, la durée de votre attente ne sera pas aussi longue que vous le pensez!
— Ah!
— M. Leroux de Champcarré est atteint d'hydropisie compliquée d'une foule d'autres affections qu'il serait trop long d'énumérer ; qu'il vous suffise de savoir que sa vie ne se prolongera pas au-delà de deux mois désormais.

V

Consultation.

En quittant Jacques Bertrand, le docteur Brochet traversa le pont du Mortard et se rendit à Champcarré.
Le château était silencieux comme une tombe.
Aux alentours, dans les vergers couverts d'arbres chargés de fruits, pas un être humain, pas un bruit décelant la présence de l'homme.
Il semblait qu'un voile de tristesse s'étendît sur tout ce qui appartenait à M. Leroux.
Les oiseaux, seuls contempteurs éternels des douleurs et des crimes de l'humanité, chantaient sur les girouettes, au sommet des cheminées, sur les murs, dans les feuilles, partout, leur hymne sans cesse renouvelé de reconnaissance au bon Dieu. Ils se poursuivaient sous les voûtes ombreuses des pommiers ; leurs ailes frôlaient joyeusement les volets du château derrière lesquels le millionnaire traînait dans l'amertume et dans l'oubli les restes d'une existence douloureuse.
Au moment où le docteur entra, M. Leroux travaillait à son bureau ; car il travaillait toujours.
— Encore! fit le médecin d'un ton de mauvaise humeur.
— C'est ma vie, répondit M. de Champcarré en désignant un amas de papiers étendus sur la table.
— Dites plutôt que c'est votre mort ! Car si vous continuez encore quelque temps, malgré mes prescriptions, cette besogne quotidienne très-fatigante, je vous affirme que vous ne dépasserez pas l'automne.
— Voilà qui est rassurant!...
— Allons ! j'ai beaucoup de temps à vous consacrer aujourd'hui. Je veux l'employer à étudier en détail les caractères de votre maladie ; et je vous promets de la combattre victorieusement, si vous me donnez des armes, c'est-à-dire si vous ne me cachez rien et si vous m'obéissez.
— Mon cher docteur, je dois tout d'abord vous dire ceci : c'est que je n'ai aucune confiance dans la médecine.
— Et encore moins dans les médecins ?
— Distinguons!... Comme hommes, je puis les estimer, comme médecins, je n'en saurais que faire.
— Alors, fit sévèrement le docteur, ma visite est parfaitement inutile, car l'homme vous est étranger.
— Non pas ; à force de voir le médecin, j'ai fini par ne plus pouvoir me passer de l'homme...
Brochet sourit :
— Vous êtes singulier ! Je crois que vous avez beaucoup trop lu Molière, et vous finirez par mourir comme lui... faute d'un médecin.
— Alors, je n'en mourrai que plus tard.
— Bon! vous êtes en veine d'esprit, ce n'est pas un mauvais symptôme. Mais si vous le voulez bien, vous laisserez un peu de côté tout ce clinquant, et vous me permettrez de traiter une plus sérieuse question.
Le ton grave du médecin en imposa au millionnaire :
— Quelle mauvaise nouvelle avez-vous à m'annoncer ? lui demanda-t-il.
— Mauvaise, en effet, répondit le docteur, si vous mettez de la mauvaise volonté.
— Diable ! ma volonté peut donc influer sur une nouvelle ?
— Vous ne me comprenez pas, ou vous feignez de ne pas me comprendre... Il s'agit de votre santé ; et au nom de l'estime que vous avez, dites-vous, pour l'homme, je vous prie d'écouter le médecin.
— C'est donc grave.
— Très-grave. Voulez-vous que je vous en donne une preuve ?
— Voyons.
— Eh bien ! vous êtes atteint d'hydropisie.
M. de Champcarré fit un bond.
— D'hydropisie ? s'écria-t-il en blémissant.
— Oui !
— Bon Dieu !...
— Je vous disais bien que c'était fort grave !
— Vous pouvez vous être trompé ?
— Non ! Je puis même préciser le caractère de cette affection ; c'est une hydropisie passive, tout me le prouve. La flaccidité de votre peau, votre débilité, votre prostration, votre affaiblissement progressif. Ce sont les symptômes réels, sérieux, de l'hydropisie passive.
— Mais alors, fit M. de Champcarré épouvanté, c'est la mort que vous annoncez ?
— Non pas ; c'est une maladie dangereuse, et voilà tout.
— Mais puisque vous n'avez pas plus de confiance dans la médecine que dans les médecins, parlons d'autre chose, monsieur de Champcarré.
Le millionnaire tendit sa main sèche au docteur.
— Oubliez ce que je vous ai dit, mon cher docteur, et sauvez-moi !
M. Brochet triomphait :
— Ah ! vous vous moquez de la médecine... vous vous *voltairianisez* de la science ! Allez donc trouver plus habile, ou laissez-vous mourir.
— J'ai tort, mon cher docteur ; et tous ceux qui pensent comme moi ont tort également.
— Je le sais pardieu bien ! mais puisque vous le voulez, passons l'éponge là-dessus, et répondez-moi.
— Je suis prêt. Mais comment avez-vous découvert ?
— Ne m'avez-vous pas envoyé une fiole ?...
— Ah ! c'est vrai ! mais croyez-vous que ce soit incurable ?
— Incurable, non ! Seulement ce sera long et il ne faudra pas faire d'imprudence. — Comment avez-vous passé la nuit dernière ?
— J'ai un peu dormi.
— Vous n'avez point d'appétit ?
— Non !
— Qu'est-ce que vous avez mangé ce matin ?
— Un œuf ; et encore je ne l'ai pas digéré...
— Prenez-vous de la gentiane, comme je vous l'ai prescrit ?

— Oui! et du quinquina, et parfois de la digitale pourprée.

— Il faut ne rien boire autre chose que de l'eau ferrugineuse, et prendre une alimentation forte, substantielle; vous faire un peu violence. Un œuf ce n'est rien. Mangez des viandes rôties et ne vous inquiétez point des indigestions.

— Je le ferai...

— Bientôt nous aurons recours aux hydragogues; puis, s'il en est besoin, nous ouvrirons une issue à la sérosité...

Le millionnaire poussa un cri de douleur comme s'il eût été en proie à quelque terrible opération chirurgicale.

La consultation achevée, le médecin accepta à dîner chez M. de Champcarré.

Pendant le repas, il essaya de toucher à une question qui l'intéressait plus vivement que la santé de M. Leroux.

— Vous avez bien soixante-deux ans, mon cher monsieur Leroux? lui demanda-t-il.

— Pas tout à fait... Soixante et un et demi.

— C'est déjà un bel âge!

— Vous voulez dire un grand âge.

— Je m'entends. Soixante-deux ans, ou soixante et un ans et demi, cela doit vous inspirer quelques réflexions.

— Sur le passé?

— Non! sur l'avenir.

— L'avenir! l'avenir! voilà un grand mot qui est bien vide de sens! À quoi diable voulez-vous que je pense maintenant, sinon à la tombe?

— Pensez-y.

— J'y pense quelquefois.

— Il faut y penser souvent. Comme le dit le proverbe vulgaire : *On ne sait ni qui vit, ni qui meurt.*

— Bah! Et après?

— Après quoi?

— Après la mort.

— Eh bien?

— Eh bien! après la mort, c'est une affaire finie. On dort tranquillement sur un bon lit de terre sans avoir à s'inquiéter davantage de la haine des hommes et des petites passions de la vie.

— Ceci est très-joli comme point de vue philosophique; mais sortons un peu des nuages d'outre-tombe de Platon, Aristote, etc... En quittant la terre, vous y laisserez quelque chose.

— Quoi? ma fortune.

— D'abord! Il faut y songer.

— J'y ai déjà songé. Quand je ne sais que faire, j'écris des testaments.

M. Leroux paraissait en voie de confidence.

Le docteur poursuivit :

— Comment, des testaments?...

— Cela vous étonne.

— Ma foi, oui! Habituellement, on ne fait qu'un testament.

— Moi, j'en fais un tous les jours, cela m'amuse. Vous ne figureriez pas comme je ris de bon cœur quand je lègue quelque chose comme cent ou deux cent mille francs à un avare ou à un pauvre.

— Mais le testament du lendemain annule celui de la veille.

— Je le sais; aussi, je ne fais ces testaments que pour me distraire...

— Diable! mais s'il arrivait que vous mourussiez subitement, le testament de la veille serait valable.

— Qu'est-ce que cela me fait?

— Vous n'êtes donc pas un homme sérieux?

— Bah! qu'est-ce qu'un homme sérieux? c'est un homme raide, composé, gourmé, busqué, musqué, corseté, cravaté de blanc, comme vous; comme j'ai été jadis moi-même. J'ai renoncé à tout cela; je veux faire ce qu'il me plaît, et voilà tout.

— Vous êtes libre. Mais il faut songer à réparer... comment dirai-je cela?

— Je sais ce que vous voulez dire. J'ai des enfants...

— Des enfants?

— Oui!

— Je ne vous en connais qu'un.

— Ah! lequel?

— Jacques Bertrand, un militaire.

— Ah! vous avez vu ce coquin-là. Il y a six ou sept mois qu'il est à Freysolles, vivant je ne sais comment.

— Il vit. Je crois même qu'il vit très-bien.

— Ah!

— Il paraît qu'il est fort adroit à l'escrime; il donne quelques assauts, et gagne ainsi beaucoup d'argent.

— Ce n'est pas une position, après tout.

— Il espère que vous ferez quelque chose pour lui.

— Bah!

— Il y compte même...

— Eh bien! vous pouvez lui dire qu'il n'aura rien du tout. C'est un drôle qui s'est permis de me menacer... même de me proposer un duel, et il espère que je ferai de lui mon héritier!

— C'est votre fils!

— Un gueux qui attend ma mort, comme un corbeau qui guette un cadavre, pour se jeter sur ma fortune...

— C'est votre fils!

— La loi ne m'oblige à rien.

— La nature parle plus haut que la loi.

— Mes griefs parlent plus haut que la nature.

— C'est bien! N'en parlons plus, quoique Jacques Bertrand professe pour vous la plus profonde estime.

M. Leroux se mit à ricaner.

— Mon cher docteur, dit-il, je connais des détails que vous ignorez complétement. On se figure généralement que je ne vois pas les pantins qui s'agitent autour de moi, qu'on se détrompe; je vois non-seulement ceux-là, mais encore ceux qui font mouvoir les pantins et, puisque vous le voulez, mon testament sérieux sera fait dès demain et il étonnera bien des gens.

Une légère rougeur avait coloré les joues du docteur pendant que M. de Champcarré prononçait cette phrase; mais il reprit bientôt son sang-froid.

— C'est un testament olographe que vous avez l'intention de faire? dit-il.

— Oui! certainement.

— C'est le meilleur, du reste; — on élabore un brouillon, puis on est sûr de sa rédaction.

— Je suis un peu homme de loi.

— Oui! depuis le temps que vous êtes en procès vous devez en effet connaître les lois.

— Je les connais; aussi, soyez persuadé qu'il n'y aura dans mon testament aucune nullité.

— Oh! j'en suis sûr.

— Mais il y aura des clauses qui feront bien naître quelques petites difficultés.

— Si la certitude avait des degrés, je pourrais dire que je suis encore plus sûr de ceci. — Mais vous avez dit : des enfants; vous en avez donc plusieurs?

— J'en ai encore un.

— Je ne le connais pas. Il n'habite pas ce pays-ci?

— Non!...

— Et celui-là sera sans doute mieux avantagé que l'autre?...

— Peut-être !

La sécheresse des réponses de M. de Champcarré fit voir au docteur que le millionnaire désirait conserver le secret sur ses relations avec cet autre enfant.

Il ploya donc sa serviette et se leva.

— Eh bien! monsieur de Champcarré, dit-il, quand désirez-vous que je revienne vous voir?

— Toutes les fois que vous viendrez, vous me ferez plaisir.

— Précisez. Vous savez que mon temps est acquis à mes malades.

— Si vous voulez, dans huit jours!

— Dans huit jours je serai ici.

M. Brochet sortait :

— Et vos honoraires? lui demanda le millionnaire.

— Plus tard, répondit le médecin.

Et il continua sa route.

Lorsqu'il fut arrivé sur le *finage* de Freysolles, il se prit à réfléchir.

— Irais-je revoir Jacques Bertrand? se dit-il, que lui dirais-je? M. Leroux a un autre fils; cela modifie singulièrement mes projets. Diable !... il faudra faire encore la part de ce bâtard-là! Allons! il faut absolument que je sache qui il est ! Et je le saurai.

M. Brochet rentra à Freysolles et il alla frapper à la porte du père Mathieu au moment où la nuit commençait à descendre.

Le patriarche se trouvait seul.

Son frère, profitant des dernières chaleurs, était allé dans ses champs. — Quant à lui, selon son habitude, il gardait la maison.

Équilibrant sur l'extrémité de son nez une paire de lunettes qui paraissait remonter au temps de l'inventeur, il lisait attentivement un gros livre d'horticulture.

A la vue de M. Brochet, il déposa ses lunettes et son gros livre.

— Veuillez vous asseoir, monsieur le docteur, lui dit-il en se découvrant avec politesse.

— Ne vous dérangez pas, fit le médecin, ma voiture m'attend à l'auberge du pont du Mortard. Je n'ai qu'un simple renseignement à vous demander.

— Monsieur, je vous le donnerai avec grand plaisir, si cela dépend de moi.

— Vous êtes un des plus anciens habitants du village et vous devez connaître tout le monde de père en fils ?

— A peu près, monsieur.

— Jacques Bertrand, votre cousin, a un frère. Il m'a chargé de vous demander si vous saviez où se trouve ce frère.

— Ma foi! monsieur, j'ai entendu quelques cancans autrefois, mais j'ignore la valeur de ces cancans.

— Qu'est-ce qu'on a dit?

— Que Jacqueline Bertrand était allée accoucher en Suisse, dans le Vorarlberg ou ailleurs !

— Ah! Et on n'a pas reçu de nouvelles de l'enfant présumé?

— Non !...

— On ne s'est jamais douté de l'existence d'un autre enfant que Jacques Bertrand ?

— Non !...

— Je vous remercie, monsieur. Je dirai cela à M. Bertrand. Le pauvre garçon est si timide qu'il n'a jamais osé se présenter à vous.

— Diable ! je n'ai cependant pas l'air bien terrible ! — Vous pouvez dire à mon cousin que je n'ai aucune haine contre lui, et que je le recevrai toujours avec un plaisir infini.

Le docteur remercia le vieillard et sortit.

Auprès du pont du Mortard, il rencontra son domestique qui venait au-devant de lui.

— Tu as laissé mes chevaux seuls? demanda-t-il.

— Non, monsieur, répondit le domestique, je les ai confiés à un paysan ; car j'étais inquiet.

Le docteur rejoignit son équipage et vit à la bride des chevaux un homme mal vêtu qui le regardait avec des yeux étranges.

VI

Le testament.

Le lendemain, M. de Champcarré vint chez le père Mathieu et monta dans sa chambre.

— J'ai confiance en toi, dit-il au paysan ; tu vas m'aider à faire mon testament.

— Déjà?

— Oui! malgré les assurances de mon médecin, je sens que je m'en vais. Je suis hydropique ; et, s'il faut subir une opération, j'aime mieux me laisser mourir.

— Je ferais comme vous sous ce rapport-là, parce que j'espérerais toujours me guérir sans opération. Mais vous, c'est différent, votre existence est attachée à tant d'intérêts que vous devriez chercher à la prolonger par tous les moyens possibles.

— Tu sais que je suis têtu.

— Oui!

— Eh bien ! je n'en démordrai point. Je veux faire mon testament aujourd'hui même. As-tu de l'encre et une plume ? j'ai du papier.

Le paysan donna au millionnaire les objets demandés.

M. Leroux réfléchit pendant quelques instants :

— Par quoi commencerai-je? demanda-t-il en se parlant à lui-même.

— Ma foi ! fit Mathieu, il vous faut commencer par expliquer les principes qui ont dirigé votre vie ; faire en un mot votre confession publique.

— Bah ! tout le monde me connaît.

— On ne vous connaît qu'imparfaitement, et sous votre plus mauvais jour. Vous n'êtes pas aussi diable que vous en avez l'air. J'apprends tous les jours à vous connaître et sous votre enveloppe revêche, il y a un cœur.

Le millionnaire serra la main du père Mathieu.

— Voilà une bonne parole. Et c'est la première fois qu'on me l'adresse. Oui! j'ai meilleur cœur qu'on ne le suppose. Je vais en donner des preuves par ce testament. Tu connais tous les gens à qui je puis avoir des obligations...

— Je ne connais personne. Mais vous avez des enfants.

— Je ne les oublierai pas ; ils feront l'objet de la dernière clause de mon testament.

M. Leroux se mit à écrire ; et tout en écrivant il lisait à haute voix ce qu'il écrivait.

— « Au nom de Dieu,

« Moi, Jean-Nicolas Leroux de Champcarré, je déclare avoir rédigé ce testament moi-même, et l'avoir écrit tout entier de ma propre main, étant sain de corps et d'esprit, et n'étant sous l'influence d'aucune volonté que la mienne.

« Ce qui suit est l'expression dernière de cette volonté.

« Je meurs dans la religion catholique, apostolique et romaine. Je crois au Dieu des chrétiens et à la sainte et universelle Église ; — je n'ai jamais douté. — Si je n'ai point pratiqué le culte extérieur, je m'en repens, et c'est seulement parce que, faisant un sophisme, j'ai conclu du particulier au général ; en d'autres termes, ayant connu quelques mauvais prêtres, j'ai cru qu'ils étaient tous mauvais. — Je reviens aujourd'hui de cette erreur de toute ma vie, et je demande pardon au clergé de ma mauvaise opinion à son égard. »

M. Leroux se tourna vers le paysan :
— Ce paragraphe te paraît-il convenable ? dit-il.
— Oui ! seulement je crois que ce pardon que vous demandez n'est pas suffisant ; il faudrait vous confesser.

Le millionnaire se mit à rire.
— Mon testament, dit-il, sera l'œuvre la plus hypocrite de ma vie, du moins sous le rapport religieux. Je tiens à ce que l'on n'insulte pas ma mémoire. Aussi je fais devant les prêtres cette génuflexion d'outre-tombe. — Mais je n'ai nullement l'intention de me confesser, parce que je ne veux rien donner aux curés...

Mathieu haussa les épaules :
— Continuez, dit-il au millionnaire.

M. de Champcarré écrivit :
« — On a pu blâmer ma conduite publique ; il est vrai qu'elle a été singulière, mais je n'ai jamais dépassé mon droit, et sous ce rapport je ne redoute pas plus la justice que la haine dont les hommes poursuivront mon cercueil.

« J'avais du reste un motif pour laisser mes champs en friche. — En butte à l'animadversion de mes concitoyens, qui tout en me volant supportaient difficilement la vue de ma fortune, j'ai lutté contre eux et je les ai vaincus. — La preuve de cette victoire existe dans les divers actes que l'on trouvera après ma mort.

« Quant à ma conduite privée, elle a souvent été blâmable ; mais si j'ai suivi l'impulsion parfois funeste de mes passions, je veux en mourant réparer leurs résultats.

« Je ne m'étendrai pas davantage sur ce qui me concerne, priant ceux à qui j'ai fait du mal de me pardonner ; ceux à qui j'ai fait du bien, d'avoir quelquefois mon souvenir devant les yeux ; ceux qui me sont restés indifférents, de ne pas jeter insoucieusement des pierres à ma mémoire... »

— Vous oubliez quelque chose qui vous est aussi personnel que tout cela, monsieur de Champcarré ! dit le paysan.
— Quoi donc ?
— Le règlement de vos funérailles !
— Oh ! c'est peu important. — Je désire que l'on rie beaucoup à mon enterrement et voilà tout. J'instituerai du reste un legs à cet égard.

Et il écrivit :

— Seulement j'ajouterai ceci : « Je lègue une somme de trois mille francs à M. le maire de Freysolles pour la célébration de mes obsèques ; — comme M. le maire de Freysolles sera obligé de se donner de la peine pour diriger mes funérailles, je lui lègue cinq cents francs à titre de rémunération ; mais les trois mille francs devront être intégralement dépensés soit à payer le curé, le maître d'école, le chantre et le fossoyeur ; soit à donner du vin aux jeunes gens qui assisteront à mon convoi ; soit à fournir les cierges, draperies, etc...

« S'il est possible, je désire que les ménétriers du village précédent le convoi et jouent devant mon cercueil les airs les plus gais de leur répertoire. Je lègue à cet effet cent francs au curé pour qu'il octroie sa permission ; dans le cas où il refuserait, les cent francs retourneront à la succession. »

Après la lecture de cette clause, M. Leroux se mit à rire de ce rire sec et strident qui découvrait dans sa bouche une rangée de dents semblables à des clous de girofle.

Le paysan haussa de nouveau les épaules. Il ne comprenait rien à l'hilarité du millionnaire, non plus qu'à la volonté plus qu'étrange contenue dans ce dernier paragraphe.

M. Leroux, après le libellé de cet article, se mit à réfléchir encore.
— Avez-vous, lui dit le père Mathieu, établi le chiffre approximatif de votre fortune ?
— Je n'ai rien oublié. Mes propriétés foncières peuvent être évaluées à trois millions, au plus bas chiffre.
— Trois millions, fit le père Mathieu émerveillé... Je ne m'en serais pas douté.
— Plus, continua M. Leroux, j'ai deux millions en argent placé. Tous mes titres sont dans cette caisse.
— Cinq millions alors.
— J'ai cent mille francs d'argenterie.
— Jamais je ne vous en ai vu.
— Je l'ai enfouie dans un caveau où je vous conduirai. Plus j'ai deux cent mille francs en espèces. Je les ai conservés pour parer aux éventualités.
— Dans la première somme, vous comprenez sans doute le prix de vos maisons de Besançon et de Paris ?
— Non ! mais j'en ai disposé par une donation particulière. Je les ai données à une de mes anciennes maîtresses.
— Voilà une piètre donation.
— Allons ! ne soyez pas si rigide. Ces pauvres êtres qu'on appelle les femmes légères sont assez malheureuses de subir les caresses de gens aussi laids, aussi vieux, aussi peu ragoûtants que moi. — Il est bien juste qu'on les paie...

Le paysan ouvrit de grands yeux.
— Ma foi, dit-il, je ne vous croyais pas trempé de cette façon ; il me semblait que depuis la mort de cette pauvre Jacqueline, vous ne vous étiez permis aucune distraction de ce genre. Je vois que je m'étais trompé. Tous les hommes sont donc vicieux, même quand ils ont eu le repentir de leurs vices passés. Pauvre Jacqueline ! son ombre a dû tressaillir de honte et de colère dans sa tombe ignorée. Monsieur Leroux, vous avez mal fait, et vos pleurs n'étaient que des hypocrisies...

M. de Champcarré posa sa main sur le bras du père Mathieu :
— Tu as raison, mon bon ami, je n'ai point poussé l'impudeur jusque-là. Mais il me répugne de parler, vivant, de mes bienfaits. Tu verras dans les papiers que je t'ai laissés dans cette caisse, à qui j'ai légué mes maisons ; mais poursuivons...

M. Leroux se remit à écrire.
« — Je nomme pour mon exécuteur testamentaire, M. Jean-Pierre Mathieu, cultivateur à Freysolles, mon meilleur ami... »
— J'accepte, fit le paysan, mais à une condition.
— Laquelle ?
— C'est que vous ne me léguerez absolument rien.
— Et pourquoi ?
— Parce que vous ne m'êtes point parent, et que jamais je n'ai rien fait qui méritât une mention sur votre testament...
— Vous ne pouvez, monsieur l'orgueilleux, m'empêcher de vous donner ce que bon me semble.
— Je refuserai.
— Bah ! vous êtes à votre aise ; mais vous avez des neveux qui sont pauvres.
— Alors, donnez à mes neveux si vous voulez.

M. Leroux continua le paragraphe :
« ..... Mon meilleur ami, et je lui lègue, pour être

partagée, s'il le juge convenable, entre ses quatre neveux, une somme de quatre cent mille francs. »

Le paysan se récria.

— Paix! paix!... puisque ce n'est pas pour vous, insista le millionnaire! Je continue :

« — Je lègue une rente de deux mille francs au sieur Claude Maillard, à charge par lui de nourrir mon cheval! »

— Diodot Maillard! s'écria le paysan...

— Paix encore, vous dis-je! Je sais ce que je fais. Laissez-moi achever ce paragraphe et vous verrez plus tard.

Il ajouta...

« — Si mon cheval vient à mourir, la rente en question retournera au corps de la succession. »

Cette fois le père Mathieu comprit et il ne put s'empêcher de rire.

M. Leroux continua :

« — Je lègue à Michel tout ce qu'il m'a volé, plus une rente de six cents francs. Comme il a peut-être pour moi un certain attachement, je lui lègue également mon chien en souvenir de moi.

« Je lègue à mon notaire de Besançon une somme de vingt-cinq mille francs, attendu que ce notaire est un honnête homme et qu'il a toujours mérité ma confiance.

« Je lègue mille francs au docteur Brochet pour les soins qu'il m'a donnés. — C'est un coquin ; mais il se dévoilera certainement un jour de lui-même.

« Je lègue vingt mille francs au jeune Millet, sculpteur à Besançon, pour qu'il aille se perfectionner dans son art à Paris, et devienne une des gloires de ce pays. Il y a de l'étoffe en lui, il ne faut pas que la pauvreté lui soit un obstacle. »

— Ceci est très-bien, fit le paysan ; mais à propos du docteur, il est venu hier me demander si je ne vous connaissais pas d'autre fils que Jacques Bertrand?

— Et que lui as-tu répondu?

— Que je l'ignorais ; et je l'ignore.

Le millionnaire devint rêveur.

Après quelques instants d'un sombre silence :

— Je crois qu'il médite quelque chose, dit-il. Mais peu m'importe! Je ne crains ni lui ni ses remèdes. C'est une face de marbre sous laquelle brûle une fournaise. Mauvaise âme!... ou je me tromperais beaucoup.

M. Leroux écrivit de nouveau :

« — *Item*... Dix mille francs au fils de Justo Magnien, à qui son père étant ivre a cassé une jambe.

« *Item*... Cinq mille francs à chacun de mes fermiers, qui sont au nombre de soixante.

« *Item*... Cent mille francs à la commune de Champcarré et Freysolles pour le rachat de tous les jeunes gens qui tomberont à la conscription l'année où je mourrai.

« *Item*... »

— Pardon, fit le paysan ; il ne faudra pas cent mille francs pour racheter les jeunes gens d'une seule année.

— C'est juste, fit le millionnaire.

Et il ajouta :

« — Le reste de cette somme sera affecté à la réparation de l'abreuvoir de Freysolles.

« *Item*... Trois mille francs à partager entre les deux bûcherons de ma forêt de Champcarré.

« *Item*... Mille francs au sieur Grisey, qui m'a souvent fait rire avec ses histoires.

« *Item*... Dix mille francs à la femme de Jean Brégaudet, à condition qu'elle ne donnera jamais plus de vingt sous à la fois à son mari.

— C'est là une bonne œuvre, murmura le paysan ; mais je ne vois pas encore à qui appartiendra le gros lot.

— Patience!...

M. Leroux écrivit :

« — *Item*... mille francs à chacun des vingt pauvres qui viennent le dimanche manger du bouillon chez moi.

« *Item*... onze cents francs de rentes à un pauvre ivrogne de professeur, le sieur Gremaux, qui cire les bottes à la porte de mon hôtel, à Besançon.

« Je fonde en outre un prix de mille francs par an pour l'homme qui fera le meilleur traité d'arboriculture, ou la meilleure notice sur la greffe ou l'écussonnage. La Société d'agriculture jugera. »

— Maintenant, fit le millionnaire, récapitulons.

— Cela fait à peu près un million et demi, dit le paysan.

— Tu calcules bien.

— Oui! histoire d'habitude.

— Tu remarques donc qu'il me reste à peu près trois millions et demi, plus trois cents mille francs ; ce qui fait encore à peu près quatre millions.

— C'est juste.

Le millionnaire se remit à écrire.

— Je lègue tout le reste de ma fortune, argenterie, espèces, forêts, propriétés diverses, à mon fils Jean-François-Nicolas de Champcarré, fils aîné de feue Jacqueline Bertrand, lequel enfant a été reconnu par moi à sa naissance, comme il est constaté par le registre de l'état civil de la ville de Strasbourg.

Le père Mathieu était stupéfait.

— Mais où est-il donc, ce fils? dit-il.

— Vous le connaissez, répondit M. Leroux, vous le voyez chaque jour ; c'est Coco le Baraquer.

La lumière se fit instantanément dans l'esprit du paysan. Il comprit dès lors l'apparente oisiveté de Coco, sa vie étrange, ses mystérieuses relations avec son père.

Mais ce qu'il ne comprenait pas, c'est que ce père l'eût ainsi laissé s'abrutir dans un village, lui qui voulait en faire son héritier.

M. Leroux se chargea de donner des explications au père Mathieu dont il devinait la pensée.

— Vous trouvez que jusqu'ici j'ai agi bizarrement, monsieur Mathieu, dit-il en se posant solennellement devant son ami ; je suis un peu philosophe à la manière de Rousseau ; j'ai élevé mon fils moi-même ; je lui ai appris tout ce que je pouvais lui apprendre ; je ne l'ai laissé manquer de rien ; mais je n'ai pas voulu qu'il se crût riche. Quand il a été grand, je lui ai dit que j'étais son père, mais je ne lui ai appris que fort récemment qu'il avait un frère... j'ai pu remarquer qu'il me portait une sincère affection. Cette affection seule me soutient après la perte que j'avais faite d'une maîtresse adorée et qui aurait été ma femme si elle n'était pas morte si jeune. Longtemps je luttai contre moi-même pour me décider à mettre mon fils au rang que lui assignait ma fortune. Mais la conscience de son illégitimité le rendait peu hardi et il se contentait de sa médiocrité. Ainsi, je n'ai pas cru devoir lui donner la richesse avant ma mort. Aujourd'hui, malgré sa gaucherie, son apparence de timidité sauvage, François est un homme noble, intelligent, courageux et bon qui saura faire de sa fortune un digne usage. Il a connu assez de misère pour n'être pas trop dur à l'égard des pauvres ; il a toujours été dans une aisance assez honnête pour que les richesses ne lui fassent pas tourner la tête. Mais ce n'est pas tout.

VII

Le codicille.

— Je vous écoute avec étonnement, dit le père Mathieu; et je suis surpris que vous ne m'ayez pas fait plus tôt cette confidence...

— Je n'osais presque pas me la faire à moi-même... Et si je ne te l'ai pas faite, ce n'est point par défiance; c'est par crainte.

— Je ne comprends pas quelle crainte vous pouviez avoir de moi.

— Je craignais que tu ne sois pas de mon avis.

— Certes, je ne vous aurais point applaudi; mais je ne vous aurais pas conseillé d'agir autrement. Je n'aime pas mettre le doigt entre l'arbre et l'écorce; je redoute beaucoup trop d'être pincé.

— Avec moi?

— Avec vous comme avec les autres et comme avec moi-même; vous voyez que je vous rends la monnaie de votre pièce.

— Tu es méchant.

— Bah! achevez votre pensée.

— Je te disais donc que j'avais élevé mon fils dans ces principes, mais je ne t'ai pas dit que, grâce à lui, je savais tout ce qui se passait dans les environs.

— Coco ne fréquente que peu de monde.

— Oui, mais c'est un tempérament triste. Il observe silencieusement dans la nuit... Figure-toi qu'il s'est amouraché de la fille de l'instituteur.

— Je savais cela.

— Mais M. Galoppot, qui le croit fils d'une mère Montant, nom que du reste j'avais fait prendre à Jacqueline pendant mes voyages, a repoussé les galanteries du Baraquer, et lui a signifié de ne plus reparaître dans sa maison.

— Et qu'a fait Coco?

— Il s'est résigné, tristement c'est vrai, mais il s'est résigné. Je croyais que ce sentiment était éteint dans son cœur; je m'étais trompé.

— Bah!

— Ces temps derniers son amour lui est revenu avec plus de force que jamais; mais mademoiselle Galoppot, qui est l'esclave de son ambitieux père, a promis sa main à Jacques Bertrand. Jacques Bertrand est l'amant de cette jeune fille, et elle est enceinte...

— Enceinte?...

— Oui, de Jacques Bertrand. D'ailleurs, il sera question d'elle dans mon testament.

— Mais Jacques Bertrand l'épousera?

Le millionnaire secoua la tête.

— Non, répondit-il; d'après ce que j'ai appris, Jacques est un soldat abruti, sans cœur, sans amour; une espèce de spadassin qui ne connaît que son plaisir et son sabre.

— Vous avez bien mauvaise opinion de lui.

— Ecoutez: François s'est battu en duel avec lui; naturellement François a été blessé. Il m'est revenu dans un état horrible; mais, Dieu merci! il est guéri depuis longtemps. Je pardonnerai à Jacques Bertrand; mais je ne pardonnerai point au maître d'armes.

— On n'a rien su de cela à Freysolles.

— Non! parce que j'ai engagé François à garder le silence. Bien plus, pour éprouver son cœur, je lui ai révélé que Jacques Bertrand était son frère. Alors il n'a voulu tirer de lui d'autre vengeance que de l'épouvanter un peu...

— C'est peut-être l'explication de cette stupide histoire de voleurs qui a tant remué le village, il y a quelque temps.

— Précisément.

— Mais puisque vous comprenez mademoiselle Galoppot dans votre testament, il faut que vous la croyiez innocente de toutes ces menées.

— C'est une brave fille, plus bête que méchante, incapable d'autre passion que celle d'amour.

— Et vous pensez qu'elle aime sérieusement Jacques Bertrand?

— J'en suis sûr. Elle lui prodigue non-seulement les soins d'une épouse, mais encore ceux d'une amante, ce qui est bien plus.

Le paysan réfléchit à son tour. Après un instant de silence:

— A quoi vous décidez-vous donc? dit-il.

— A faire un codicille singulier à mon testament.

— Ah!

— Et je te remettrai ce codicille entre les mains.

— Pourquoi?

— Pour qu'il ne fasse pas corps avec le testament et encore pour ceci: ou l'enfant de mademoiselle Galoppot vivra, ou il ne vivra pas. Dans le premier cas, le codicille sera exécutoire; dans le second cas, tu le déchireras.

— Alors, quand faudra-t-il ouvrir ce codicille?

— Deux mois après la naissance de l'enfant de Julie.

— C'est bien.

M. de Champcarré prit dans son portefeuille un nouveau papier, et écrivit:

« Si le sieur Jacques Bertrand épouse Julie Galoppot, je lègue à l'enfant qui naîtra un million; dans le cas où il ne l'épouserait pas, je lègue le million à l'enfant seul. »

Après la rédaction de ce codicille quelque peu redondant, comme style, M. Leroux ploya son testament et le plaça dans sa poche; puis il cacheta le codicille et le mit également dans sa poche.

— Maintenant, dit-il au paysan, si tu veux me suivre au château, je te ferai voir où j'ai placé mon argenterie et mes espèces.

— Je le veux bien, dit le père Mathieu.

Ils descendirent.

Dans la rue, ils rencontrèrent Jacques Bertrand, pâle, défait, appuyé d'un côté sur le bras du maître d'école; de l'autre, sur une béquille.

Ils passèrent auprès des deux cousins.

M. Galoppot se découvrit très-respectueusement, tandis que le soldat faisait, autant qu'il le pouvait faire, une démonstration de politesse.

— Eh bien, mon cousin, fit le père Mathieu en s'adressant au soldat, qu'est-ce que vous avez donc attrapé?

— La fièvre, mon cousin.

— Ah! Et cela va mieux?

— Voilà ma première sortie.

M. Leroux s'approcha à son tour:

— Il faut vous soigner, mon ami; si vous le voulez, je vous enverrai mon médecin.

— Merci bien, fit le soldat, j'en ai un et je crois même que c'est le vôtre.

M. Leroux et le père Mathieu tournèrent le dos.

Dès qu'ils eurent perdu de vue les deux cousins, le millionnaire se mit à rire.

— Il paraît, dit-il, que la vengeance de François a été

plus grave qu'il ne le pensait; ce pauvre Jacques est tout à fait mal accommodé.

Et ils continuèrent leur chemin.

Arrivé dans sa chambre à coucher, le millionnaire poussa un ressort dissimulé dans la boiserie et ouvrit une large porte de fer peinte en couleur de bois et qui se fermait sur une cachette extrêmement profonde.

Aux lueurs du pâle soleil se glissant par les fentes des volets dans l'intérieur de cette chambre, le paysan ébloui put voir un amas d'argenterie disposé sans ordre et légèrement terniè par le temps.

Auprès de cette argenterie, sur le premier plan de la cachette, se dressaient plusieurs grands sacs en cuir gonflés par leur contenu.

— Tout cela est de l'or, dit M. Leroux; mes doigts se sont fatigués cette nuit à le compter.

Et il poussa un gros soupir dont le père Mathieu lui demanda la cause.

— Hélas! dit-il, il faut abandonner tout cela. Je sens que le terme de Dieu approche. Ce terme-là est cher, on doit le payer, riche ou pauvre, avec tout ce que l'on possède, ce qui ne l'empêche pas de vous forcer à chercher une autre habitation.

— Bah! quand il viendra m'appeler, je répondrai comme les soldats: *Présent!* Et vous, qu'aurez-vous à regretter?

— Rien! Si j'exprime une pensée sombre, ce n'est pas que je craigne l'heure où cette pensée éclora dans le domaine des faits. Non! malgré ma fortune, je n'ai pas été assez heureux pour que ce monde conserve pour moi quelques charmes; mais néanmoins, je voudrais bien savoir ce qui se passe au-delà de cette vie et quel usage mes héritiers feront de mes richesses.

— Elles s'en iront comme elles sont venues. Les fortunes humaines tournent dans un cercle uniforme et périodique. Il vient un homme qui s'empare à lui seul du bien d'une foule d'autres. Il jouit longtemps de ce bien; puis un jour la mort vide la main de ce riche; les parcelles d'or qui s'échappent de cette main se répandent sur la masse des gens qui tendent la leur. Et c'est ainsi que tout retourne à la majorité des hommes.

Ce que tu dis là est assez juste. L'empire d'Alexandre et celui de Charlemagne ont été démembrés comme ma fortune le sera.

— Que désirez-vous donc de moi relativement à cette cachette?

— Il y aura sans doute des difficultés relatives à l'exécution de mes clauses testamentaires. Dans ce cas, tu ne divulgueras à personne, pas même à mon fils, le secret que je te confie. Puis tu remettras à François ce papier cacheté. Il faut que j'ajoute encore un nouveau codicille.

Il se mit à écrire.

« Je veux que l'armoire de ma chambre à coucher ne soit pas ouverte avant que mon héritier soit régulièrement et légalement établi possesseur de ma succession. »

Le paysan n'osa point demander à M. de Champcarré ce que renfermait cette armoire. Il prit le papier et ce nouveau codicille, le plaça dans le gousset de son gilet, et, après avoir souhaité le bonjour au millionaire, il retourna chez lui.

Dès qu'il fut parti, M. Leroux ferma sa porte au verrou et ramena sur la fenêtre les volets intérieurs.

Puis il chercha dans un trousseau de clefs rouillées, et prit une petite clef aussi rouillée que les autres qu'il plaça dans la serrure de l'armoire. La porte s'ouvrit avec difficulté, faisant voler sur le plancher un nuage de poussière.

Avant de s'orienter au milieu de cette poussière, M. de Champcarré s'agenouilla pieusement.

Son visage habituellement impassible, ses yeux secs, exprimaient une douloureuse émotion, une crainte respectueuse.

2

— Ombre de celle que j'aimais, dit-il d'une voix sourde, pardonne-moi de venir troubler encore ton repos. Tu sais bien, ombre chérie, qu'en gardant ton corps auprès de moi, je ne l'ai profané jamais par une action impure.... Nulle femme après toi n'a franchi le seuil de cette chambre.

« J'ai vécu avec ton image, ton souvenir et ton cercueil ; c'est la vue incessante de ce qui reste de toi qui m'a rendu moins mauvais que je l'aurais été par nature.

« Entouré de haines, de jalousies, pillé, volé par mes voisins, par mes fermiers, en but aux sarcasmes, aux moqueries, aux coups d'épingles, je sentais mon cœur s'aigrir ; c'est toi qui m'as soutenu, c'est l'amour survivant à la mort qui m'a fait triompher des haines et des jalousies.

« Aujourd'hui, tout m'annonce que je vais bientôt te rejoindre ; la vieillesse est venue, et avec la vieillesse les dégoûts, les infirmités ; je ne vis plus que par un souffle, à défaut de force, le courage seul me fait exister encore.

« Mais ce courage se brise, mes mains tremblent à supporter le poids de mes douleurs ; mon pied hésite ; à chaque pas que je fais, il me semble que je marche sur mon tombeau...

« Prêt à paraître devant Dieu et devant toi, c'est à toi que je veux faire ma confession ; ma conscience me condamnera ou m'absoudra...

« Si des hauteurs des cieux tu m'as suivi dans l'existence, tu sais ce que j'ai fait. J'ai paru avare, et je ne l'étais pas. J'ai répandu dans l'ombre mille bienfaits pour lesquels je n'ai demandé aucune reconnaissance.

« Ces bienfaits je ne les ai point prodigués autour de moi ; car tous les hommes qui m'ont approché sont méchants et vils.

« J'ai longuement appris à les connaître ; si je me suis vengé d'eux, c'est au nom de la société et à ne point de remords.

« Pour tout le reste, ma conduite a toujours été pure, et je ne crains pas plus de montrer mes œuvres aux hommes que mon âme à Dieu !...

Il y avait dans cette confession beaucoup d'orgueil involontaire.

La vie de M. de Champcarré n'avait pas été à l'abri de tout reproche au point de vue de l'humanité. Mais personne, en écoutant une aussi solennelle invocation, n'aurait pu douter de la franchise du millionnaire.

Après avoir formulé cette profession de foi, il se leva, et jeta les yeux sur l'armoire béante.

Un système de bandelettes pareilles à celles des momies égyptiennes, enveloppait un corps humain dont le visage, conservé par un procédé ingénieux, offrait tous les caractères de la vie.

C'était la tête d'une femme encore jeune, qui paraissait avoir été belle ; un air de douceur infinie, que la mort n'avait pu effacer tout à fait, était empreint sur sa figure.

M. de Champcarré déposa un baiser sur ce front glacé.

— Reçois mon dernier adieu, chère morte, dit-il ; et à bientôt. J'irai te rejoindre tout-à-l'heure ; fais-moi une petite place au ciel à côté de toi...

Il lui sembla que le cadavre avait remué.

Éperdu, il referma la porte de l'armoire.

— Oh ! s'écria-t-il ; la mort a des mystères que nul vivant ne peut pénétrer ! j'irai bientôt ; oui ! je le répète ; j'irai bientôt voir de près le sphinx éternel qui pose les énigmes de la vie.

Et il ensevelit longuement sa tête dans ses mains.

Quand il sortit de sa lugubre rêverie, ses yeux errèrent sur les fioles pleines de médicaments que le docteur Brochet lui avait envoyés de Besançon.

Il les prit une à une et les jeta par la fenêtre.

— Allez, dit-il ! Quand il n'y a plus de mèche dans la lampe, à quoi bon y mettre de l'huile ?

Il prit le papier sur lequel le docteur avait écrit son ordonnance. Il le déchira et en jeta également les débris par la fenêtre.

Puis il appela son domestique.

Michel monta.

— Attelle le cheval, lui dit-il.

Dix minutes après, M. Leroux courait sur la route de la ville.

En passant à Freysolles, il prit avec lui quatre hommes pour lui servir de témoins.

Dans la ville, il alla tout droit chez son notaire. Là, il déposa son testament, après avoir prié le notaire d'en prendre copie plus tard, quand il viendrait lui-même une seconde fois dans l'étude.

De cette façon le testament, d'abord *olographe*, devenait *mystique* ; il devait ensuite, selon la volonté du testateur, devenir *authentique*.

Mais M. Leroux, qui ne pouvait se dispenser de la formalité des témoins, et qui ne voulait pas que ceux-ci connussent par avance le contenu de ce testament, n'avait pas cru devoir faire exécuter immédiatement la copie.

C'est pourquoi il avait dit ce mot : *plus tard*.

En sortant de la maison du notaire, M. Leroux conduisit ses témoins chez un aubergiste auquel il donna quarante francs.

— Vous servirez à ces hommes tout ce qu'ils vous demanderont, — dit-il à l'aubergiste, — ces deux louis sont un à-compte... — je payerai la dépense ; quelle qu'elle soit.

— Ah ! Monsieur de Champcarré, s'écria l'hôtelier, — ma maison tout entière est à votre service !...

Le millionnaire retourna chez lui.

VIII

La légende de Saint-Éloi.

Les mois s'écoulaient.

Peu à peu les arbres s'étaient dépouillés de leurs feuilles. Des flocons de neige poudraient les branches et rendaient les toits blancs.

— Quel rude hiver ! disaient les paysans qui se rencontraient et soufflaient dans leurs doigts ; on n'en a pas vu de pareil depuis 1817, *où les chiens ne voulaient pas de pain.*

— Oh ! faisait un vieillard, 1817 n'était rien auprès de 1769. Si vous aviez vu cela, vous autres ; on coupait le vin, non pas avec de l'eau, mais avec une hache. Mon père en a perdu quinze pièces qui n'avaient plus de goût après la gelée.

Ça ne fait rien, voici une terrible année. Le mois de décembre, ce n'était encore rien ; mais ce mois-ci, ça pique dur.

— Cependant il n'est pas mort beaucoup de gens par ce froid-là. J'ai vu en 1805, l'année de la bataille d'Austerlitz, deux gendarmes et leurs chevaux disparurent dans les neiges ; on ne les a retrouvés qu'au printemps.

— Encore vivants ?

— Oh ! non ! morts.

— On dit pourtant qu'on se réchauffe sous la neige.

— C'est un bruit que les ours font courir.

— Et les Russes aussi, pour attirer les Français chez eux.

— Brouu !..., on gèle ici. Entrez-vous un instant chez nous ? Il y a du feu dans le fourneau.

— Merci, monsieur Grisey, ce n'est pas la peine ; il faut que j'aille appointir mes paisseaux (1).

— Entrez tout de même.

— Vous savez quelque chose de nouveau ?

— Toujours !...

Deux ou trois paysans d'âges divers entrèrent chez le buraliste, et vinrent se grouper autour d'un gros poêle en faïence qui soufflait et ronflait.

— Savez-vous, fit M. Grisey, que M. Leroux de Champ-carré devient généreux sur ses vieux jours.

— Ah ! ah !...

— Oui, il a donné une de ses forêts pour chauffer les pauvres gens pendant l'hiver.

— Avec les baliveaux ?

— Oui, avec tout, affouage, taillis, futaie, tout, excepté le sol.

— Mâtin !... Il paraît qu'il va bientôt partir de ce monde... Savez-vous comment il va?

— Oh ! tout est mystère autour de cet homme-là. On dit qu'il va mieux ; moi je crois qu'il va plus mal. Voici quatre ou cinq jours que je vois passer le docteur Brochet ; cela signifie quelque chose.

— Ma foi ! ce ne sera pas une grande perte...

— Ah ! vous croyez ?

— Parbleu !

— Eh bien ! je ne suis pas de votre avis. Le père Mathieu, qui est très-malin, dit qu'on regrettera M. Leroux.

— Je ne vois pas comment.

— C'est bien ! vous verrez. Maintenant, on va dans ses bois, on ravage ses étangs, on cueille ses pommes, ses poires, ses prunes, on abat ses noix, on vendange ses vignes, et l'on en est quitte pour graisser la patte au citoyen Michel. Mais que l'héritage advienne à plusieurs personnes, on verra des masses de gardes forestiers et d'autres escogriffes tomber sur les pauvres gens. Les procès-verbaux s'entasseront l'un sur l'autre. On nous traînera par les cheveux devant les tribunaux ; on nous jettera en prison. Ah ! vous verrez.

— C'est un peu vrai.

— Et les redevances de fermage. Jean Brégaudet en a pour au moins cinq cents francs. On va les lui réclamer tout de suite, et gare là-dessous !... La maison sera vendue. Il y en a encore beaucoup d'autres à qui pareille histoire pend à l'oreille.

— C'est le testament que je voudrais bien voir.

— Ah ! et moi aussi ; mais je me doute un peu de l'individu qui aura la meilleure part.

— Ce Jacques Bertrand ?

— Précisément. Il y a quelques temps, quand il était malade, M. Leroux lui a dit devant le père Mathieu et le maître d'école qu'il voulait lui envoyer son médecin.

— C'est significatif.

— Oui ! mais il y aura des legs importants. Je suis sûr que ce père Mathieu aura un bon sac.

— Il n'est pas ambitieux.

— Ça ne fait rien.

— Il n'acceptera pas.

— Possible. Cependant on ne peut guère refuser de pareilles choses. Une volée de coups de trique, je comprends qu'on n'en tienne pas à la recevoir ; mais des écus, c'est différent.

— Du reste, monsieur Grisey, je suis content que ça tombe sur le père Mathieu, pas les coups de trique, far-

(1) Échalas.

ceur, mais les écus ; quoiqu'on en dise, c'est un homme qui a rendu de grands services à tout le monde.

— Oui ! c'est un fin maréchal !

— Un vrai saint Eloi.

— A propos de saint Eloi, fit le buraliste, connaissez-vous sa légende ?

— Non ! Racontez-nous donc cela !

— Eh bien !... il faut vous dire que du temps du roi Dagobert, vous savez...

— Oui, j'en ai entendu parler, mais j'étais bien jeune ; c'était un roi qui mettait, sauf votre respect, sa culotte à l'envers ; il était un peu timbré !

— Oui, justement.

— Il mettait peut-être sa culotte à l'envers parce qu'elle était trouée à l'endroit, comme celle de Diodot Maillard.

— Eh bien ! continua le père Grisey ; saint Eloi était établi comme maréchal-ferrant à Freysolles, dans la boutique du père Mathieu. Tout saint qu'il était, il avait un peu d'orgueil. Aussi, il avait une superbe enseigne sur laquelle on lisait en grandes lettres d'or : *Eloi maréchal-ferrant, premier maître et maître sur tous !*

— Fichtre !... il ne se mouchait pas du pied !...

— Non ! Aussi Jésus-Christ, qui le voyait se rengorger dans la science de son métier, se dit : « Il faut que je lui joue un tour à cette *gueule-noire-*là ! »

— Ah !...

— Qui fut dit fut fait. Un matin qu'il pleuvait à *verse*, saint Eloi et le petit Oculi, son frappeur, regardaient au milieu de la rue.

« — Cré nom dit saint Eloi, quel temps de chien !

« — C'est vrai, répondit Oculi ; c'est un chien de temps !

« — On ne mettrait pas un huissier à la porte, continua saint Eloi.

« — C'est vrai, fit Oculi, on ne mettrait pas deux huissiers à la porte.

« — Quel est le coquin qui mettra le pied dehors par ce temps-ci ?

« — Il n'y en a guère.

« — Tu es de mon avis, Oculi ?

« — Toujours, maître !

« — Et tu as raison.

« — Et vous aussi, maître.

« — Crois-tu que nous aurons des pratiques aujourd'hui ?

« — Je crois ce que vous croyez, maître !

« — Et tu as raison, Oculi.

« — Et vous aussi, maître.

« — Il ne viendra sans doute personne.

« — Oh ! sans doute.

« Ils se mettaient tous deux le doigt dans l'œil.

« Pendant qu'ils s'entretenaient ainsi, la pluie redoubla. Le tonnerre tonnait ; les éclairs éclairaient.

« Saint Eloi sortit encore une fois.

« — Je ne vois personne, dit saint Eloi !

« — Ni moi non plus, fit Oculi !

« Saint Eloi jura un gros coup et fit sonner son enclume.

« Oculi fit sonner sa *bigorne* (1) et jura un peu plus fort que le maître forgeron.

« Le maître et l'apprenti s'entendaient comme le soufflet et le marteau, comme la culotte et ce qu'elle recouvre.

« Saint Eloi voyant qu'il ne venait personne, mit son tablier sur son enclume, s'assit dessus et se croisa les bras.

« Oculi voyant que son maître ne voyait personne, se

(1) Double enclume.

croisa les bras, mit son tablier sur sa bigorne, après s'être toutefois décroisé les bras; il s'assit sur son tablier et se recroisa les bras.

« Tout à coup le maître tressaillit, Oculi tressaillit comme le maître.

« — Entends-tu quelque chose? dit saint Éloi.

« — Et vous, maître, entendez-vous quelque chose?

« — Oui !

« — Et moi aussi, fit Oculi !

« Ils prêtèrent l'oreille. Le pas d'un cheval sonna sur le pavé. Il faisait un tel bruit qu'on n'entendait plus le vent, ni la foudre.

« — Voilà un rude cheval qui arrive ! dit saint Éloi.

« — Voilà qu'il arrive un cheval bien rude, dit Oculi.

« Saint Éloi sortit de nouveau, et naturellement son ouvrier le suivit.

« Alors ils aperçurent tous deux (parce que saint Éloi l'apercevait) un homme gigantesque monté sur un cheval colossal.

« — Cré nom ! fit saint Éloi...

« — Nom de nom ! fit Oculi...

« — Cent dieux ! dit saint Éloi...

« — Mille dieux ! dit Oculi...

« L'homme et le cheval avançaient rapides comme la tempête. Les cailloux sautaient à cent pieds en l'air sous les sabots du cheval, et conformément à l'usage du temps, le cavalier avait un sabre long de trois aunes qui se dégaînait à demi à chaque saut du cheval.

« — Ne remarques-tu pas une chose? dit saint Éloi.

« — Si, vous remarquez quelque chose, dit Oculi, je dois le remarquer aussi.

— Eh bien ! le cheval est déferré, dit saint Éloi, qui était comme je vous l'ai donné à entendre un fin maréchal.

« — Il doit être déferré, murmura Oculi !

« — Il l'est !

« — Oui! il l'est.

« Le cavalier arriva devant la boutique.

« La pluie continuait à *choir* comme si elle ne coûtait rien. Les gouttes étaient larges autant que des pièces de six francs.

« Le cavalier s'arrêta.

« — Tu es maître maréchal ? dit-il à saint Éloi d'une voix qui ressemblait au fracas d'une cataracte.

« — Oui, répondit saint Éloi !... en faisant le salut militaire... maître sur maître et maître sur tous.

« Oculi, répéta la phrase de son maître, en toisant le cavalier.

« — Ah ! ah ! fit celui-ci ! Eh bien ! tu vas ferrer mon cheval ; mais je veux qu'il ne se mouille pas les pieds.

« Saint Éloi se mit à rire. Et Oculi rit aussi.

« — Comment voulez-vous, seigneur cavalier, dit le maître, que votre cheval entre dans ma boutique. Il est aussi gros que ma maison.

« — Oui, fit Oculi, la maison n'est pas plus grosse que lui !

« — Vous êtes bien sots ! dit le cavalier.

« Il tira son grand sabre et coupa les quatre pieds du cheval, à la hauteur du jarret ; puis il les apporta dans la boutique.

« Saint Éloi ouvrait des yeux gros comme des billes de billard.

« Oculi ouvrit des yeux deux fois plus gros.

« Le cavalier ricanait.

« — Allons, dit-il ! maître sur maître, et maître sur tous, faites-moi le plaisir de me ferrer ces quatre pieds. Vous ne les mouillerez pas.

« Saint Éloi prit le pied hors montoir et le plaça entre les deux mâchoires de son étau.

« Puis il mit le fer sur le sabot.

« Mais il eut beau frapper e frapperas-tu sur la tête des clous. Les clous pliaient et ne voulaient pas entrer dans le sabot.

« Saint Éloi était de plus en plus stupéfait.

« — Ce sont des sabots en fer, dit le maître.

« — Ce n'est certainement pas de la corne, dit Oculi.

« L'étranger rit de plus belle.

« — Allons ! dit-il de sa voix de cor de chasse, frappe plus fort, père Éloi !... que diable !... Tu n'as donc pas plus de nerf dans les bras qu'il n'y en a dans une balle de coton !

« Éloi frappa plus fort. Oculi qui ne pouvait frapper, attendu qu'on ne peut frapper à deux sur le même fer, faisait le geste d'un homme qui frappe.

« Vains efforts !... Rien !... Les clous se tordaient !

« — Ma foi, j'y renonce, dit saint Éloi !

« — Nous y renonçons, dit Oculi.

« Les bras de saint Éloi tombèrent inertes le long de ses cuisses. Puis, il essuya la sueur qui coulait de son front aussi drue que la pluie qui tombait au dehors. Oculi ne suait pas, mais comme le maître s'essuyait, il crut devoir s'essuyer aussi.

« — Il faut donc, dit le cavalier, que je donne des leçons au maître des maîtres.

« Il prit alors huit clous tout neufs et les planta dans le pied du cheval sans avoir besoin du marteau. Il agit de même à l'égard des trois autres pieds.

« — Je l'attends, quand il faudra remettre les jambes, dit saint Éloi !

« — Ah ! ah ! dit Oculi ; c'est quand il faudra remettre les jambes, que je l'attends !

« Mais l'étranger, riant toujours, prit les quatre sabots du cheval et sortit.

« Aussitôt, les sabots rejoignirent les jambes ; le cheval se mit à piaffer, à bondir, à cabrioler, si bien qu'il faillit casser sa longe.

« A la vue de ce miracle, saint Éloi s'agenouilla. Oculi en fit autant.

« — Seigneur, seigneur, qui êtes-vous donc ? dit le maître forgeron.

« — Qui êtes-vous, seigneur ? répéta fidèlement l'ouvrier.

« La tête du cavalier apparut dans une auréole lumineuse ; saint Éloi reconnut Jésus-Christ. Comme il le reconnaissait, Oculi le reconnut aussi.

« — Apprends, dit le Seigneur, que personne n'est maître que moi et que tu n'es pas digne d'être mon apprenti.

« — Et moi, Seigneur, ne me direz-vous rien ? fit Oculi...

« — Si, répondit Jésus-Christ ; tu es un imbécile !

« Saint Éloi et Oculi se prosternèrent l'un à côté de l'autre, le visage contre terre.

« Lorsqu'ils se relevèrent, cheval et cavalier avaient disparu.

« Quant au maître forgeron, il monta sur une échelle ; et avec un pinceau trempé dans du noir de fumée, il effaça la moitié de son enseigne et ne laissa subsister que ces mots : *Éloi, maréchal ferrant*.

« Oculi voulait mettre la même chose un peu plus bas, mais son maître l'en dissuada en lui administrant un coup de pied par derrière, dans son haut-de-chausses.

« Pour imiter son maître, Oculi rendit le coup de pied

à son maître, si bien qu'ils se battirent comme plâtre. »

L'histoire du père Grisey fut accueillie par des acclamations et des cris universels.

En ce moment, le son d'une clochette retentit.

— Qu'est-ce que c'est? firent les paysans en chœur.
— Ils sortirent.

Un vieux prêtre, escorté par deux enfants de chœur et précédé par l'honorable M. Galoppot, passait sur la neige avec laquelle ses cheveux rivalisaient de blancheur.

A son aspect, les paysans s'agenouillèrent.

Dès que le divin cortége se fût éloigné, ils s'enquirent du nom de l'individu à qui, selon la naïve expression du peuple, *on portait le bon Dieu*.

— Ma foi, c'est peut-être à M. Leroux, dit le buraliste; le curé prend le chemin de Champcarré !

Cette idée une fois tombée dans la foule fut recueillie comme une certitude.

Tout le monde se précipita sur les pas du prêtre.

On suivit d'abord la route du Mortard. — De l'autre côté du pont, chacun s'engagea dans l'étroit chemin qui conduisait au château.

Le froid sévissait. — Les grands arbres, pareils à des squelettes desséchés, se balançaient au vent. — Des buissons, des forêts, des profondeurs de l'espace jaillissaient et roulaient les lamentations navrantes de l'hiver.

La nuit venait.

IX

Mort d'un riche.

Ce jour-là, M. de Champcarré avait fait dans ses domaines sa tournée habituelle.

Il était revenu brisé; et s'était mis immédiatement au lit.

M. Brochet se trouvait au château.

A la vue du sombre docteur, dont le visage était plus pâle que d'habitude, le millionnaire qui doutait moins de la science que de la probité de son médecin, fut saisi d'un tremblement involontaire.

— L'heure est venue? murmura-t-il, en jetant sur M. Brochet un coup d'œil plein d'anxiété douloureuse.

— Pas encore, répondit le médecin, mais je ne réponds plus de rien. Il faut vous préparer... Cependant je n'ai pas perdu tout espoir...

Les yeux du millionnaire roulèrent avec de fauves lueurs. Il sonna Michel, et lui ordonna d'aller chercher le père Mathieu.

— A quoi bon? fit le docteur en haussant les épaules.
— J'y tiens, répondit péremptoirement le malade.

M. Brochet tira de la poche latérale de sa redingote un journal de médecine, et sans se préoccuper davantage de M. Leroux, il se mit à lire avec une attention affectée.

Le coude appuyé sur le bord de la fenêtre, il tournait le dos au lit, où le millionnaire souffrait à la fois de l'âme et du corps.

Trois quarts d'heure se passèrent ainsi.

Le silence n'était interrompu que par le bruit de la respiration difficile du malade, le froissement des feuilles du journal, et le tic-tac monotone de la montre du docteur que celui-ci consultait à chaque minute.

Le père Mathieu arriva.

Le moribond parut éprouver quelque soulagement en apercevant son ami.

Il lui tendit affectueusement la main.

— Eh bien ! mon cher Mathieu, murmura-t-il d'une voix faible comme le souffle d'un enfant, tu viens à temps pour recevoir mes adieux.

Une larme brilla sous les cils du paysan.

L'affection du père Mathieu pour le millionnaire n'était point entée sur l'estime. Il connaissait les défauts de M. Leroux, souvent il avait cherché vainement à les combattre ; parfois les discussions du riche et du pauvre avaient dégénéré en querelles ; mais leurs relations, resserrées par la solitude qui se faisait autour du château, étaient devenues une habitude. Aussi cette affection était-elle profonde et tenace comme une nécessité.

Mathieu serra à son tour la main qu'on lui tendait. Il fut effrayé du peu de volume de cette main. — Les doigts de M. Leroux recouverts d'une pellicule sèche et rougeâtre, ressemblaient à cinq osselets dépourvus de chair.

— Adieu, monsieur Leroux ! dit-il. Je vois bien que c'est fini.

— Toi aussi, mon bon Mathieu !

— Oui ! vous voilà maintenant au bout. Mais si, comme je l'ai toujours remarqué, vous êtes un homme, il ne faut pas vous épouvanter. Au bout du fossé la culbute. Il faut sauter à son tour comme des moutons quand ils traversent le Mortard. Ceux qui sautent le mieux, ce sont les moins de mal. En d'autres termes, ceux qui ne redoutent rien, souffrent moins. — C'est le courage qui fait que l'on ne sent rien en passant de vie à trépas. Soyez fort, monsieur de Champcarré ! Je serai plus fort, moi, devant ma mort que devant la vôtre. Sacrénom !... Je pleure comme un veau...

Les larmes du rude paysan firent jaillir des larmes pareilles des yeux du millionnaire.

— Merci ! dit-il ; oh ! toi tu ne me caches rien ! merci !..

Le médecin se rapprocha du lit, et s'adressant au paysan :

— Monsieur, lui dit-il, vous ignorez toute espèce de précautions oratoires. On ne jette pas ainsi une nouvelle aussi fatale à la face d'un malade. Cela peut déterminer une crise funeste.

— Monsieur le docteur, répondit le paysan, je ne connais rien en effet à tous les *embrouillaminis* des savants ; mais je crois qu'il vaut mieux avertir un homme de sa fin prochaine, que de le lanterner comme vous faites, si bien qu'après six ou sept mois de belles promesses, il finirait par mourir de mort subite.

Le médecin se mordit les lèvres.

— J'aurais pu presque répondre de M. de Champcarré, dit-il sèchement, maintenant je ne le puis plus.

— Bah ! fit audacieusement Mathieu, vous savez depuis longtemps à quoi vous en tenir.

M. Brochet ne répliqua rien. Il alla se rasseoir à la fenêtre, son journal à la main.

— Que dois-je faire, mon cher ami ? demanda le millionnaire au paysan.

— Ce que l'on fait en face de la mort, monsieur Leroux. Toutes vos affaires temporelles sont terminées?

— Oui ! Fais venir mon fils que je lui dise adieu.

Le médecin tressaillit.

— Faut-il faire venir Jacques aussi? demanda le paysan.

Le moribond fit un geste de négation.

— Il ne viendrait pas ! dit-il. Fais venir seulement François. Il est dans sa chambre.

Mathieu frappa contre la cloison.

Le Baraquer apparut bientôt. Ses traits étaient pâlis; de grosses larmes roulaient sur ses joues.

Le médecin reconnut l'homme mal vêtu qui avait tenu

la bride de ses chevaux lorsqu'il était sorti de Freysolles, après la visite qu'il avait faite à Jacques Bertrand.

— C'est singulier, pensa-t-il.

Coco vint s'agenouiller au pied du lit de M. Leroux.

Il ne disait rien. De temps en temps des sanglots montaient à sa gorge; mais ne se faisaient pas jour. Sa poitrine se gonflait. Cette douleur profonde, muette, concentrée, faisait mal à voir; le sceptique médecin attribuait cette prostration à un phénomène d'hypocrisie.

M. Leroux se souleva sur son coude.

— Viens, à côté de moi, François, dit-il.

Le Baraquer se traîna jusqu'auprès de la tête du lit de son père.

— Mon enfant, m'entends-tu bien? dit le millionnaire.

— Oui! répondit le Baraquer dans un sanglot.

— Je vais mourir, François, continua M. Leroux! Je le sens. Dans quelques heures je serai sur le chemin qui doit me conduire auprès de ta mère.

Un gémissement fut la seule réponse du Baraquer.

— Écoute-moi, François! Moi mort, tu auras une grande fortune. Voici les conseils que j'ai à te donner. Use bien de tes richesses; ne m'imite pas. J'ai voulu me venger des hommes, j'ai eu tort, personne ne me regrettera. Fais en sorte que l'on te regrette. On n'emporte dans l'autre monde que le souvenir du bien que l'on a fait. Donne aux pauvres. Ne repousse personne du seuil de ta porte. Si tu as des enfants, élève-les chrétiennement. Je n'ai jamais eu beaucoup de religion; mais elle est nécessaire.

Il baissa la voix :

— Quant à ce qui me concerne, j'espère que tu me pardonneras la conduite que j'ai tenue à ton égard, et que tu me regretteras un peu... Je ne peux plus parler.

Le père Mathieu sonna Michel.

Michel descendit.

Pendant ce temps, la mort frappait à la porte du château. Le front de M. de Champcarré pâlissait et se lézardait de plus en plus. Des bruits sourds grondaient dans sa poitrine, on eût dit, selon l'expression de Victor Hugo :

« L'affreux coq du tombeau chantant son aube obscure. »

Le médecin restait impassible. Il consultait sa montre avec plus d'acharnement que jamais.

M. Leroux s'adressa à lui.

— Eh bien! monsieur, lui dit-il, combien ai-je encore de minutes à vivre?

Le médecin ne se méprit pas au ton légèrement railleur du millionnaire.

— Cinq minutes, dit-il très-sérieusement.

M. Leroux fut bouleversé.

— Oh! je n'aurai jamais le temps!... cria-t-il.

Et il se mit à se rouler sur son lit comme un épileptique.

— Monsieur le docteur, dit sévèrement le paysan au médecin, c'est vous qui êtes cruel, cette fois.

— Allons! allons! fit le médecin, je n'ai aucune sorte de compte à vous rendre; et je cède la place.

Dès qu'il fut sorti, le Baraquer se tourna vers le père Mathieu :

— Merci, lui dit-il d'une voix sourde; les corbeaux s'en vont quand l'aigle est là.

Le paysan ne comprit pas ou feignit de ne pas comprendre; néanmoins il tendit la main au Baraquer qui s'était agenouillé de nouveau.

Mathieu se mit à la fenêtre, et vit disparaître M. Brochet derrière les arbres desséchés de l'avenue.

C'était l'heure à laquelle les paysans s'étaient mis à la suite du prêtre qui portait le saint viatique.

Le vieillard ne tarda pas à voir le cortége déboucher d'un sentier creux qui conduisait à l'avenue.

Il ferma la fenêtre qu'il avait entr'ouverte.

— Monsieur Leroux, dit-il, préparez-vous, voici le bon Dieu...

Le millionnaire ne s'agitait plus. Il avait tiré sa couverture sur sa tête. Il ne faisait plus aucun mouvement.

A la voix de son ami, il parut reprendre un peu d'énergie. Il se débarrassa de ses couvertures; sa tête se redressa sur les oreillers.

Mais cette tête était devenue livide en un moment. Les yeux s'étaient retournés; le blanc seul restait visible. — La bouche se contractait dans un pénible rictus.

Cinq heures sonnèrent lugubrement à l'église du village.

— Adieu! murmura le millionnaire!

Il se tordit encore une fois, se mit sur son séant, tendit les bras vers le plafond, poussa un râle aigu, retomba sur sa couche et se roidit.

Il venait de mourir!

Le prêtre entrait en ce moment.

Le père Mathieu tenait le bras du millionnaire.

— Il n'est plus temps, dit-il au curé. Les morts ne se confessent pas.

Le prêtre donna néanmoins l'absolution au cadavre; et, après les prières des morts, il retourna à Freysolles.

La nouvelle de la mort de M. de Champcarré l'avait précédé. La cloche tintait lamentablement.

Au bruit de cette cloche, tout le village fut bientôt sur pied. Comme la nuit était venue, les lanternes furent allumées, et, pauvres étoiles humaines, elles erraient dans les rues du village, tandis que les étoiles de Dieu se cachaient derrière les voiles noirs du ciel.

Au château, ce silence avait pris un caractère farouche. Après l'ensevelissement de M. de Champcarré, opération dans laquelle le père Mathieu avait été aidé par Michel, les deux hommes s'étaient agenouillés auprès du lit avec le Baraquer.

Ils restèrent longtemps muets et recueillis.

Lorsqu'ils eurent payé le tribut de prières que les vivants doivent aux morts, le paysan se leva :

— Monsieur de Champcarré, dit-il en posant sa main sur l'épaule du Baraquer, il y avait autrefois un usage fort répandu dans les cours. Quand Louis XIII mourait, on disait : Vive Louis XIV! Ici, je dis la même chose. Relevez-vous donc, et prenez vos fonctions. Votre père vous a légitimé; c'est vous qui êtes maintenant le maître. Faites trêve à votre juste douleur, vous y penserez plus tard, dans la nuit, quand vous serez seul avec Dieu et avec le souvenir.

Le Baraquer se redressa comme s'il eût été mu par un ressort.

— Oh! j'avais tout oublié, dit-il. Est-ce vous qui veillerez mon père?

— Oui!

— Vous ne retournez donc pas à Freysolles?

— J'y retourne pour souper.

— Je vais avec vous.

— Alors, partons, Michel gardera ce pauvre corps...

Les deux hommes sortirent. Le père Mathieu eut soin de fermer toutes les portes.

Arrivé à Freysolles, le Baraquer prit congé du vieil ami de son père.

— J'ai un grave devoir à remplir, dit-il. Pardon de vous quitter; j'arriverai peut-être assez tôt pour empêcher un crime.

— Puis-je vous aider?

— Non! Seulement je vous prie de ne rien faire pour me retrouver dans le cas où je ne reviendrais pas.

— Ecoutez! François, s'il y a quelque danger, je vous défends de vous exposer. Vous n'êtes plus jeune. Mais je suis plus vieux que vous. Du reste, votre père vous a recommandé à moi.

Le Baraquer hésita.

— Mademoiselle Galoppot est enceinte! dit-il.

— Je le sais.

— Vous ne savez peut-être pas qu'hier elle était en mal d'enfant.

— Non!

— Jacques Bertrand est revenu de Besançon depuis quelques jours, et je crains...

— Vous avez une bien mauvaise opinion de votre frère.

— Je ne le crois pas foncièrement méchant; mais il est conseillé par un homme tenace et mauvais.

— Je crois connaître ce conseiller.

— Je le connais, moi.

— C'est le docteur Brochet?

— Oui.

— Défiez-vous, François.

— Il se trame quelque chose; mais, Dieu aidant, je pourrai peut-être briser les fils de cette intrigue infâme.

— Allez, mon ami, et que Dieu vous protége!

Ils se serrèrent affectueusement la main.

Le Baraquer sortit.

Quant au père Mathieu, il se fit préparer son frugal repas du soir; c'est-à-dire une soupe aux légumes et une *frottée* de lard, assaisonnée d'eau claire.

Dans les villages comtois, il est rare que les paysans, même les plus aisés, boivent autre chose que de l'eau. — Dans les pays de vignobles, et seulement pendant les bonnes années, on se permet le pintet (1) de vin, mais habituellement ce luxe est abandonné aux ouvriers; les cultivateurs s'en affranchissent.

C'est peut-être pour cette raison qu'on voit tant d'ivrognes le jeudi ou le mardi dans les marchés des villes.

Le père Mathieu se découvrit pieusement, et, après avoir dit son *Benedicite*, il se disposa à manger, tandis que sa belle-sœur préparait elle-même le repas de son mari.

En ce moment on heurta à la porte.

Le paysan courut ouvrir.

Un vieux pauvre, le front couvert d'un large chapeau à travers les fentes duquel s'échappaient de longs cheveux fauves, un mendiant hideux, grêlé, ridé, velu, brèchedent, légèrement boiteux, large d'épaules, vrai type de *canaille* pittoresque avec un long manteau troué et rapiécé, se présenta tout hésitant sur le seuil.

— Qu'est-ce que vous désirez, mon ami? lui demanda le paysan.

— J'ai faim, et j'ai froid, répondit le pauvre d'une voix rauque.

Mathieu jeta sur lui un coup d'œil scrutateur :

— Qui que vous soyez, dit-il, entrez, venez manger à ma table.

Et se tournant vers sa belle-sœur :

— Jeanne, lui dit-il, vous ferez un lit à cet étranger dans notre écurie.

Et il vint se mettre à table.

Le mendiant ne se fit pas prier. Il s'assit vis à vis du patriarche et mangea silencieusement.

Mais ses yeux erraient dans tous les sens; nous disons

(1) Broc.

ses yeux, nous devrions dire son œil, car il était borgne, ou du moins son œil gauche disparaissait sous un épais sourcil retombant jusqu'au-dessous de la paupière.

La figure hétéroclite de ce personnage n'inspirait au vieillard qu'une confiance fort mitigée.

Néanmoins, il poussait si loin la charité, qu'il ne crut devoir adresser aucune question à son hôte.

Le repas fini, il conduisit le mendiant dans l'écurie où un bon lit l'attendait.

— Dormez bien! lui dit-il. Vous partez sans doute de bon matin?

— A quatre heures, répondit le mendiant.

Le paysan sortit après avoir tiré la porte après lui.

— Il ne l'a pas fermée!... murmura le mendiant.

X

La Maison-Rouge.

A deux kilomètres de Freysolles, un peu au-dessous du bois du Mortard, on voyait encore, il y a quelques années, une maison de sombre apparence qui jouissait dans le pays d'une réputation mauvaise.

Dans des temps assez reculés, elle avait servi d'habitation à un aubergiste cumulant avec ses fonctions celles de détrousseur patenté des voyageurs et des passants.

On racontait sur cette maison d'effrayantes histoires; aussi, dans tout le canton, on ne l'appelait jamais autrement que la *Maison-Rouge*, en souvenir des flots de sang qui y avaient été répandus, au dire de la légende populaire.

Cette renommée sanglante s'était propagée de telle façon que personne ne voulait plus louer cet immeuble, appartenant du reste à M. de Champcarré, lequel, par parenthèse, tenait fort peu à en tirer parti.

Cependant, quelques années avant l'époque où se passèrent les faits que nous racontons, un sieur Billaut, sorte d'industriel sans aveu, banqueroutier échappé des barrières de Paris, était venu s'établir à la Maison-Rouge.

Il payait une très-humble indemnité annuelle à M. de Champcarré; celui-ci s'en contentait, ne pouvant faire autrement.

Le sieur Billaut s'était empressé de fonder un débit de boissons.

Dans le principe, il vendait peu. — Les paysans passaient rapidement devant la lugubre demeure sans oser y jeter même un coup d'œil.

Et c'était assez raisonnable.

Cette maison avait l'aspect d'une nécropole en miniature. Le toit s'effondrait; des panaches d'herbes sauvages pendaient sur les corniches : d'autres torchées d'herbes croissaient dans les fentes des murailles et semaient de taches verdâtres les murs gris et écaillés.

Les portes en chêne semblaient ne pouvoir s'ouvrir.

Dans l'étroite cour qui précédait ce bâtiment, autour d'un puits rempli d'eau saumâtre, l'herbe croissait, aussi touffue et luxuriante.

Disons tout de suite que l'intérieur répondait à l'extérieur.

La salle à manger, longue pièce carrée sans plafond, filtrait l'humidité de la rue à travers ses murailles dépourvues de tentures.

Quelques tables boiteuses, en sapin rouge, flanquées

d'une douzaine de tabourets trébuchant de vétusté, deux ou trois chaises tirées des plus infimes friperies; un vieux comptoir parisien, en zinc oxidé, percé de trous, bosselé, caduc, sur lequel se dressait une collection de verres graisseux et de bouteilles écaillées, tel était l'ameublement de cette pièce.

Mais, nous l'avons dit, personne n'avait pendant longtemps constaté l'état de ce mobilier.

Le sieur Billaut, ne gagnant point sa vie avec son auberge, s'était jeté en ces basses spéculations usitées dans les villages comtois; c'est-à-dire qu'il achetait des cendres pour les lessives, ramassait les os pour les fabriques de boutons, les chiffons pour les papeteries, les peaux de lapins, de fouines, etc... pour les chapeliers.

En parcourant les villages, il fit quelques connaissances parmi la plèbe, ou, si nous pouvons nous servir du diminutif latin, parmi la *plébécule* qui vit on ne sait comment, dans la fainéantise et le vice, au milieu des populations travailleuses dont elle est la plaie et le cancer.

Ces connaissances ne tardèrent pas à visiter le débit de boissons, qui de ce jour ouvrit sa porte pour ne plus le refermer.

La clientèle augmenta bien vite.

A cette plébécule, sale, grouillante, crasseuse, vinrent se joindre les hordes d'ivrognes revenant chaque semaine du marché des villes.

Ceux-ci se hasardèrent d'abord à jeter un coup d'œil entre les fentes des volets, puis ils burent la *goutte sous le pouce*, c'est-à-dire sans s'arrêter ; enfin, le sieur Billaut paraissait si gai, si bon enfant, il débitait ses liqueurs avec des lazzis si spirituels, puis on était si loin du village, si à l'abri des criailleries des femmes, qu'on s'arrêta plus longtemps, et qu'enfin on ne sortit plus de l'établissement que parfaitement et complètement aviné.

Dès lors, la maison perdit son caractère lugubre ; mais on ne l'enveloppa pas moins dans une immense réprobation.

Les femmes de Freysolles, de Champcarré et des autres villages, tonnaient perpétuellement et avec beaucoup de raison contre le débit isolé où allaient s'engloutir les économies de messieurs leurs époux.

Et Dieu sait si les femmes de tous les pays et notamment de la Franche-Comté se font faute de *piailler* et de pester dans leurs moments de mauvaise humeur !

Les choses en vinrent à ce point, qu'on regrettait presque que le sieur Billaut n'assassinât pas quelque peu son prochain pour dégoûter les paysans d'aller s'asseoir autour de ses tables.

La Maison-Rouge conservait donc son nom, tiré de la couleur du sang ; mais elle le tirait alors de la couleur du vin.

Or, le jour même de la mort de M. de Champcarré, cinq ou six gueux, aussi mal vêtus, aussi hideux que le mendiant qui avait demandé l'hospitalité au père Mathieu, se trouvaient réunis dans l'établissement du sieur Billaut.

Mais ils avaient de secrètes confidences à se faire, car ils se trouvaient dans une salle particulière qui servait de chambre à coucher à l'aubergiste.

On imaginerait difficilement une plus belle collection de *canailles*.

Les bandits parisiens qu'Eugène Sue a mis en scène, ont encore quelque chose dans le cœur et dans la tête. Quelques-uns d'entre eux possèdent des *lettres* ; mais ceux que nous plaçons sous les yeux des lecteurs, n'ont pour prototype exact, fidèle, vrai, que les gueux de Callot, qui ne s'inspirait du reste pas à Paris.

Même tournure, — même costume, — mêmes draperies de haillons maladroitement faufilés les uns aux autres, comme des échantillons de teinturiers.

La misère, le vice, l'idiotisme de l'abrutissement, les passions basses, mal éteintes, viles, se lisent couramment sur ces visages couleur de briques, ou couleur de mortier.

Ils sont presque tous grêlés!...

Voici l'édifiante conversation à laquelle se livrent à voix basse ces majestueux personnages.

— Connais-tu la maison, Roch?

— Oui! J'y ai *demandié* la charité il y a-t-un mois.

— C'est-y bien gardé?

— Le vieux est un brave homme qu'a l'air encore d'un solide, le frère n'est pas si fort, mais c'est tout de même un luron.

— Ah! mais s'il y a-z'-alarme! grif! tout le village va nous tomber dessus!...

— Il faut mettre de la prudence.

— Si le vieux vient se coucher.

— Alors, faudra l'*estrangouiller nette comme torchette* (1).

— S'il *gueule*?

— Faut pas qui gueule. On lui serre la vis... dur!...

— Je m'en charge. Seulement ce qui me chiffonne, c'est pour entrer dans cette chambre.

— Bote!... On colle une échelle contre le mur. Il y a-t-un mur probablement, Roch?

— Oui! il y a-z-un mur qui donne sur le jardin, la fenêtre de la chambre du vieux est percée dans ce mur.

— Ça va-t-alors comme sur des roulettes.

— Mais je crois que le vieux ne viendra pas se coucher. Donc il n'y aura personne au premier étage.

— Pourquoi-t-est-ce que tu t'ingères de croire que le vieux ne rentrera pas. Est-ce que le bonhomme se permet quelquefois la *découchée*?

— Ce n'est pas cela. Tu as bien entendu ce que ce beau monsieur t'a dit. Il est très-ami avec le seigneur de Champcarré et comme il est malade...

— Qui?

— M. Leroux! Le Mathieu le veillera sans doute.

— C'est probable.

— Mais comment feras-tu pour entrer chez lui?

— Oh! c'est mon affaire. Il est très-charitable. Je suis sûr qu'il me fera coucher dans son écurie et même qu'il me donnera-z'-à becqueter.

— Ah!

— Vous autres, vous viendrez *flâner* autour de la maison, et quand je sifflerai, vous apporterez l'échelle.

— Bon! gras! moelleux! C'est entendu!

— Oui! mais avant, il faut se donner un peu de ton!

— Ah! farceur.

Un des gueux frappa sur la table à grands coups de bâton et appela le père Billaut.

Celui-ci accourut.

— Nous n'avons plus rien à boire. Donne-nous encore une bouteille d'eau-de-vie.

— En voilà déjà trois que vous absorbez, messieurs ; je dois vous prévenir que je ne fais pas de crédit.

— Est-ce qu'on t'a demandé quelque chose à crédit, vieux filou! cria celui qu'on avait appelé Roch.

Et il tira de sa poche un louis de vingt francs.

— De l'or! fit l'aubergiste émerveillé.

— Oui! c'est de l'or, reprit le gueux, et de *la bonne*

---

(1) L'étrangler tout net. *Nette comme torchette* est une locution populaire, usitée en Franche-Comté. Torchette ne signifie rien et est probablement mis là pour la rime.

encore! Garde-la pour toi; et tu nous donneras à boire jusqu'à ce que nous ayons dépensé ce louis.

Billaut empocha vivement la pièce.

— Je cours! dit-il.

Il revint bientôt, portant dans chacune de ses mains une bouteille d'affreuse eau-de-vie de pommes de terre, qu'il vendait à ses consommateurs à raison de trois francs le litre.

— Voilà, messieurs! dit-il; c'est du velours sur l'estomac, avec cette boisson-là on vit cent ans, vrai comme je suis un honnête homme.

— Alors, nous devons bientôt mourir, fit Roch qui paraissait être le chef de la bande.

Le débitant sortit.

— Maintenant, camarades, dit Roch, il s'agit de nous entendre, comment allons-nous partager?

— Ma foi! nous sommes six; il y a trois mille francs, ça fait chacun cinq cents francs.

— Je n'entends pas cela!

— Comment! tu n'entends pas?

— Mais non! Il me semble que c'est moi qui m'expose le plus; je dois avoir la plus forte part.

— Roch, tu as envie de nous voler!

— Bah! c'est à moi que ce beau monsieur a donné l'argent. Il ne tiendrait qu'à moi de le garder.

— Fais-le! et tu verras si nous ne te dénonçons pas tout de suite.

— Je n'ai guère peur de vous. Vous ne savez lire ni l'un ni l'autre; c'est moi qui ai tous vos papiers, et on n'écouterait que moi au parquet. Il vaut beaucoup mieux que vous m'écoutiez et que vous m'obéissiez; vous savez que je ne suis pas un chien.

— Ça, c'est vrai. Mais il ne faut pas tout de même nous flouer. Nous nous révolterions, mille tonnerres!...

— Tas d'imbéciles!... Est-ce que vous pouvez faire quelque chose sans moi? Si je vous lâchais d'un cran, ce serait une affaire finie! Vous seriez obligé de renoncer à l'opération en question; et vous savez qu'il y a trois autres mille francs, si nous réussissons...

— Oui!

— Si je vous quitte, *par conséquence,* vous ne touchez pas les trois mille *balles.*

La troupe de gueux hésita.

— C'est vrai, dit l'un d'eux, sans Roch, l'affaire est passée au bleu.

— Alors, pourquoi marchandez-vous mon concours?... voici ce que j'ai résolu de faire. Je vous donnerai à chacun trois cents francs... tout de suite. — Si nous réussissons, je vous en remettrai encore à chacun deux cents; ça fera cinq cents francs.

Un murmure de désapprobation circula dans le sombre conciliabule.

— Il aura trois mille francs pour lui tout seul!...

— C'est une abomination!

— Nous ne voulons pas entendre parler de cela!

— Alors, fit le chef, arrangez-vous. Moi, je m'en vais.

Roch avait vu passer une troupe de paysans qui s'en allaient à la ville.

— Au milieu d'eux, pensa-t-il, je serai en sûreté.

Et il battit en retraite.

— Le coquin! dit un des gueux... Il nous prendra les trois premiers mille francs, et nous n'aurons rien.

— J'ai envie de l'assommer.

— Bah! il faut en passer par ce qu'il voudra. Il est bon enfant. Quand il aura ses trois mille francs, nous trouverons bien le moyen de les lui *barbotter*. Il se *saoule* facilement.

— Déjà pas tant.

— Rappelons-le.

Un des personnages de la bande sortit.
— Ohé!... père Roch? cria-t-il.
Le bandit se retourna.
— Quoi! z-est-ce que tu me veux encore? demanda-t-il.
— Viens donc!

Le gueux passa autour de ses mains une courroie de cuir qui retenait un énorme gourdin.

Il rentra résolûment dans la salle.

— Eh bien! dit-il, êtes-vous prêts à m'obéir, maintenant?
— Oui, murmurèrent timidement quelques voix.
— C'est bon, alors.

Roch tira de sa poche un rouleau de mille francs.

— Mais, fit tout à coup observer un des gueux, Roch se met encore avec nous pour partager les trois autres mille francs.
— Tiens! c'est vrai! c'est six cents francs qu'il devrait nous donner au lieu de cinq.
— Nous sommes refloués.
— Vieille canaille!...
— Allons, vous aurez six cents francs, fit le vieux Roch qui voyait l'orage s'amonceler autour de lui. Je vais vous en compter à chacun trois cents, ce qui équivaut pour vous cinq à quinze cents francs.

Le mendiant creva deux rouleaux de mille francs et donna trois cents francs à chacun de ses complices.

— Maintenant, dit l'un d'eux, il s'agit de se concerter. Toi, Roch, tu te charges de prendre la caisse et de la descendre.
— Oui! si elle n'est pas trop lourde.
— Bah! un ancien crocheteur de Brest!...
— Je ne suis plus aussi fort qu'autrefois; mais ça ne fait rien.

Et le père Roch secoua ses robustes épaules comme pour s'assurer qu'elles jouissaient encore d'une élasticité convenable.

Puis, voyant qu'on l'examinait avec une certaine admiration, il fut pris d'un accès de générosité.

Il donna encore à chacun de ses complices une pièce de vingt francs.

— Remarquez, ajouta-t-il, qu'il vaut mieux être bien que mal avec moi. Du reste, vous le verrez plus tard; je m'entends...

Sur ce, le vieillard mit sur son dos une hotte de chiffonnier, fripa davantage encore ses vêtements, enfonça d'un coup de poing son chapeau sur sa tête, prit une allure cassée, et après avoir fait un léger signe d'intelligence à ses complices, il sortit.

En traversant le bois du Mortard, le vieux Roch rencontra quelques paysans isolés qui se détournèrent de lui avec frayeur.

Il eut beau multiplier les saluts, les courbettes, réciter à haute voix des bribes de *pater*, personne ne s'approcha de lui pour lui faire la charité.

De l'autre côté du bois, dans la plaine doublement éclairée par le pâle crépuscule du soir et les reflets de la neige, il aperçut un homme vêtu de noir, dont la sombre silhouette se détachait en vigueur sur le fond blanc du sol.

C'était le docteur Brochet qui revenait de Champcarré.

Mais celui-ci n'évita point le mendiant.

Il marcha résolûment au contraire au-devant de lui et le reconnut.

— C'est vous, père Roch? lui dit-il.
— Oui, monsieur, répondit le bandit.
— Je vous attendrai chez le sieur Billaut jusqu'à deux heures du matin.

— C'est bien, monsieur! je serai revenu à cette heure-là... si je réussis.

XI

Un mystère. — Le mendiant. — Tentative avortée.

Julie était parvenue à cacher son état de grossesse à ses parents.

Mais le moment critique allait arriver.

Jacques Bertrand habitait toujours Besançon. Il était retourné dans la ville quelques jours après sa guérison. Depuis ce temps, il avait régulièrement donné de ses nouvelles chaque semaine.

Lorsque Julie avait senti que le terme approchait, elle s'était empressée d'écrire à son fiancé. — Jacques Bertrand arriva, comme nous l'avons dit, huit jours avant la mort de son père.

Mais, pour un motif ou pour un autre, il n'avait pas voulu se loger dans la maison d'école.

Il avait loué une petite bicoque située à l'une des extrémités du village, non loin du pont du Mortard.

Il passait la plus grande partie de ses journées avec deux ou trois *viveurs* de Freysolles, attirés chez lui par la perspective de bombances qui ne leur coûtaient rien.

Cette maison, jusqu'alors silencieuse, s'était conséquemment remplie tout à coup de bruits orgiaques, de chocs de verres et de chants bachiques.

La police de Freysolles ne remédiait nullement au désordre qui régnait dans cette demeure, et qui chaque soir se faisait tapage et sortait par bouffées dans la rue, car, la police se composait uniquement d'un garde champêtre; et ce garde champêtre était le convive assidu du prévôt d'armes.

Jacques Bertrand avait fait preuve de sagacité, on le voit, en choisissant ses compagnons de *ripaille*. — Aussi, personne ne l'inquiétait. — Les fonds généreusement donnés par le docteur, dansaient donc dans la sécurité la plus profonde leur sarabande désordonnée.

Cependant la situation de Julie tourmentait Jacques.

Il se repentait beaucoup d'avoir contracté les obligations qui le liaient à la jeune fille.

Ces liens lui pesaient particulièrement en ce moment. Il rêvait aux moyens qu'il devait employer pour éviter les tracas qui le menaçaient à la suite de l'accouchement de Julie.

Depuis son retour d'Afrique, il avait vécu au milieu de gens si misérables au point de vue de la moralité, si dépourvus de délicatesse, si pleins de mauvaises passions; puis il avait dans l'âme tant de germes de vices effroyables, qu'il ne reculait devant l'idée d'un crime qu'en vue des peines infligées aux coupables par la justice humaine.

Il ne s'agissait pour lui que de trouver la manière de commettre ce crime sans courir le risque d'être découvert et puni...

Aussi, depuis qu'il avait appris que la grossesse de Julie touchait à son terme, il avait discontinué de donner ses soirées bruyantes.

Il allait souvent chez M. Galoppot qui était aussi complètement aveugle que jamais. — Ses promesses devenaient d'autant plus positives, d'autant plus fréquentes qu'il était plus près de l'époque à laquelle il devait en refuser la réalisation.

Or, le jour de la mort de M. de Champcarré, à l'heure du souper du père Mathieu, Jacques entra chez l'instituteur... Comme nous l'avons dit, celui-ci était à Champcarré avec le curé de Freysolles. Il ne restait à la maison que madame Galoppot et sa fille.

Une conversation décisive venait d'avoir lieu entre elles. La mère, plus intelligente que le maître d'école, s'était, selon l'expression vulgaire, depuis longtemps doutée de quelque chose. — Mais rien n'avait pu jusque-là confirmer ses soupçons.

De peur de blesser par un mot imprudent cette chatouilleuse vertu qu'on appelle *la pudeur*, elle n'avait osé interroger sa fille. D'un autre côté celle-ci s'était bien gardée de faire à sa mère la confidence de sa situation.

Cependant, les douleurs devenaient tellement vives, qu'il ne fallait plus songer à les dissimuler. — Julie, en pleurant, avait donc profité de l'absence de son père pour tout raconter à sa mère.

— Eh bien! mon Dieu, avait répondu madame Galoppot, c'est une grande faute que tu as commise; mais celui qui t'a poussée à la commettre la réparera. Il faut se hâter de conclure ce mariage.

Jacques Bertrand arriva au moment où la femme de l'instituteur venait d'exprimer cette opinion.

Julie se jeta dans ses bras.

Le soldat jugea d'un coup d'œil que la mère était dans la confidence.

— Rassurez-vous, ma cousine, dit-il à madame Galoppot, dont il comprenait les regards suppliants, tout ira bien... — Mais ce que nous avons de plus pressant à faire, c'est d'appeler le médecin ou la sage-femme.

— Oh! je ne voudrais pas que mon père sût la moindre chose, fit la jeune fille toute éplorée; il me tuerait.

— Alors comment faire? objecta la mère. On ne peut cependant lui cacher tes douleurs. Il va revenir dans une heure ou deux. Qu'est-ce qu'il dira s'il l'entend crier?...

— J'ai une idée, si Julie veut venir chez moi, c'est-à-dire dans la maison qu'elle habitera bientôt, elle sera mieux qu'ici.

La mère entra immédiatement dans ce plan.

— Oui! dit-elle, c'est un peu éloigné du village; personne ne l'entendra. Je dirai à son père qu'elle est couchée; et comme il ne va que très-rarement dans sa chambre, il ne se doutera de rien...

Julie hésitait.

Était-ce un pressentiment? L'instinct maternel, en s'éveillant, ne faisait-il pas taire tous les sentiments de pusillanimité! Julie avait-elle depuis quelque temps mieux appris à connaître son amant?

Quoiqu'il en fût, elle s'adressait toutes sortes de raisonnements, à haute voix, comme si elle eût été seule et qu'elle se fût parlé sans crainte d'être entendue.

— Mon Dieu, se disait-elle! m'en aller dans une autre maison!... Cette idée m'épouvante... Je ne serai ni chez mon père, ni chez mon mari.

Le soldat et madame Galoppot ne comprenaient rien à la délicatesse de ce sentiment.

Ils parvinrent après bien des discussions à vaincre l'obstination de la jeune fille.

Elle prit donc le bras de son fiancé, et ils se dirigèrent ensemble, en choisissant les sentiers détournés, vers la maison louée par Jacques Bertrand.

Chemin faisant l'ex-soldat n'ouvrit pas une seule fois la bouche. — Il soutenait la jeune fille qui marchait péniblement, tremblante, à la fois de froid, de douleur et de crainte.

Le vent soufflait avec ce sifflement de l'hiver qui donne le frisson. — A chaque pas des tourbillons de neige s'envolaient autour des deux amants comme des volées d'oiseaux blancs sous le ciel noir.

Ils arrivèrent à l'habitation de Jacques Bertrand.

Un petit paysan, misérablement vêtu, pieds nus sur la glace, était assis sur un banc de pierre devant la porte.

— Il ôta son bonnet de coton ou plutôt fit un mouvement qui l'enfonça davantage sur ses yeux, lorsqu'il aperçut le soldat et sa cousine.

— Petit-Réné, lui dit Bertrand, va-t-en chez le père Billaut, tu ramèneras sans retard le docteur Brochet. Il est là qui attend son *équipage*.

Petit-Réné partit comme un trait, tandis que Jacques et Julie entraient au rez-de-chaussée, le premier d'un pas résolu, la seconde timide et hésitante comme la jeune fille qui franchit pour la première fois le seuil d'une maison criminelle.

Quand le docteur arriva escorté par Petit-Réné, Julie était couchée, et l'heure critique sonnait.

La pauvre fille se tordait dans des douleurs étranges, douleurs physiques, douleurs morales. — Elle comprenait qu'il se passait autour d'elle quelque chose de sombre comme un drame.

L'enfant vint au monde.

C'était un garçon. — Le docteur, qui venait d'échanger avec le prévôt d'armes un suprême coup d'œil, prit cet enfant et le déposa sur l'appui de la fenêtre qu'il entr'ouvrit.

Jacques Bertrand comprit. — Un instant ses bons sentiments se réveillèrent. — Il voulut s'élancer vers la fenêtre et la fermer, afin que le froid ne supprimât pas dans la pauvre innocente créature la frêle existence qu'elle venait de recevoir; mais un coup d'œil sévère du docteur le retint.

— Le sort en est jeté! murmura sourdement le soldat.

Il se laissa tomber sur une chaise, tournant le dos à la fenêtre.

Pendant ce temps, le médecin soignait l'accouchée.

Tout à coup le vent s'engouffra violemment dans la chambre. La fenêtre était ouverte tout au large.

— Mon enfant! s'écria la pauvre mère avec une voix si déchirante que Jacques Bertrand se leva et courut à la croisée.

L'enfant n'était plus où le docteur l'avait placé.

Le soldat et le médecin cherchèrent au pied de la fenêtre, en dehors. — Ils ne virent rien qu'une trace de pas d'homme imprimée sur la neige.

Les deux complices se regardèrent avec effroi.

Minuit venait de sonner.

La lune, jusqu'alors cachée par des nuages noirs, se dégageait par intervalles de son voile ténébreux, et les rayons de son disque d'argent effleuraient lentement la terre, le sommet des toits et la cime des arbres.

La maison du père Mathieu, sur laquelle se projetait l'ombre des maisons voisines, restait encore plongée dans une demi-obscurité blafarde, rendue presque visible par les reflets phosphorescents de la neige.

En dehors du cercle d'ombre, c'est-à-dire dans le jardin contre lequel s'adossaient les écuries, on aurait pu remarquer une sorte de mouvement de corps opaques qui tantôt s'approchaient, tantôt s'éloignaient de la muraille du bâtiment.

C'étaient les gueux dont nous avons esquissé la silhouette dans un chapitre précédent.

N'entendant point le signal convenu, ils cherchaient à se dissimuler le mieux possible, soit derrière des arbres, soit dans quelque angle obscur des haies de clôture.

Expliquons la cause de ce retard.

A peine le vieux Roch venait-il d'entrer dans l'écurie, qu'au lieu de se coucher, il s'était mis à chercher une autre issue que la porte.

Il avait immédiatement remarqué que la fenêtre percée au bout de l'étroit corridor qui servait de passage derrière les bestiaux était assez large et assez basse pour qu'il pût, sans inconvénients, sortir par là.

Aussi s'était-il étendu sans plus de précautions sur le lit qui lui avait été préparé.

Vers onze heures il se leva, se dirigea à pas de loup vers la porte latérale qui communiquait avec la grange et de la grange avec la cuisine.

Il regarda par le trou de la serrure, et il vit le père Mathieu, une lanterne à la main, faisant sa ronde accoutumée dans toutes les parties de son habitation.

La figure du patriarche paraissait soucieuse.

Il examinait tout avec une attention minutieuse, comme si quelque pressentiment lui eût révélé la présence d'un ennemi secret.

Et, à chaque instant, ses yeux se tournaient avec une expression inquiète vers la porte de l'écurie.

Le mendiant se méprit sur la signification de ces regards; mais il battit néanmoins en retraite, dans la crainte d'une visite inattendue.

Malgré ses préoccupations, le père Mathieu, dont les idées au sujet de l'hospitalité étaient d'une droiture antique, ne s'approcha point de l'écurie.

Il sortit de la grange, éteignit sa lanterne et reprit le chemin de Champcarré.

Roch, rendu à une sécurité à peu près complète, attendit encore un quart d'heure. — Il allait sortir, lorsqu'un nouveau bruit se fit entendre dans la cuisine.

— Encore maugréa le mendiant... On ne se couche donc pas dans cette diablesse de maison-ci !...

C'était le frère du père Mathieu qui rentrait.

Il fit à son tour la visite de la grange et du grenier, jeta du foin aux bœufs et aux vaches, et rentra sans avoir remarqué ou voulu remarquer le prétendu mendiant.

— Enfin ! murmura le vieux Roch en entendant les souliers du paysan tomber l'un après l'autre sur le plancher du poêle.

Il se leva silencieusement et prêta longtemps l'oreille. Dès qu'il eût constaté qu'aucun bruit ne s'élevait ni dans la rue, ni dans la maison, il ouvrit la fenêtre, ainsi que cela était convenu, au moment où les douze coups de minuit venaient de retentir au milieu du silence.

Il escalada l'appui de la fenêtre avec une certaine vivacité et se mit à ramper le long du mur jusqu'au-dessous de la fenêtre de la chambre occupée par le père Mathieu.

Là, il siffla d'une façon particulière. Aussitôt les gueux, cachés dans les coins d'ombre, se réunirent à pas silencieux autour de leur chef.

L'un d'eux traînait une longue échelle dont les montants inférieurs labouraient la terre du jardin.

Roch, après s'être assuré que personne ne pouvait le voir, adossa l'échelle contre le mur et monta lentement.

Arrivé à la hauteur des vitres, il trouva un volet accroché intérieurement à l'aide d'un morceau de fer recourbé.

— Roch passa son couteau par un interstice du volet et fit sauter le crochet.

Puis, à l'aide de ce même couteau, dont la lame était brisée au milieu il enleva le mastic d'une vitre, détacha le verre et ouvrit l'espagnolette.

Il bondit dans la chambre.

Il ne tarda pas à s'assurer que la caisse était placée sous une petite table appuyée contre un des angles de la chambre; mais, dans les derniers moments de sa vie, M. de Campcarré avait fait de fréquentes visites au père Mathieu; et, chaque fois qu'il venait à Freysolles, il enfouissait dans sa caisse de nouvelles liasses de papier, de sorte que, sans avoir augmenté de volume, la caisse avait presque doublé de poids.

Roch éprouva donc une très-grande difficulté à soulever cette caisse. Il parvint cependant à la poser sur la table et de là sur le rebord de la fenêtre.

Puis il escalada de nouveau l'appui de la croisée, descendit jusqu'au troisième ou quatrième échelon et attira la caisse sur ses épaules. Mais il n'avait pas calculé les lois de la pesanteur. Placée sur un plan incliné, la caisse glissa rapidement et avec une telle force que l'échelon sur lequel s'appuyaient les pieds du bandit se brisa avec fracas. — Roch perdit l'équilibre. Il tomba tout meurtri sans pouvoir retenir un horrible cri.

Les gueux s'empressèrent de déguerpir.

Un seul, plus imprudent ou plus avisé que les autres, courut au blessé, et, sous prétexte de constater la situation de son complice, il passa l'inspection de ses poches et s'empara de la somme donnée par le docteur au père Roch.

Au moment où le dévaliseur s'échappait par une brèche de la haie de clôture, deux figures pâles, vivement éclairées par la lueur de deux lanternes d'écurie, apparurent sur le seuil de la porte du jardin.

C'étaient le père Mathieu et son frère.

Averti par un pressentiment, le vieillard avait quitté le cadavre aussitôt que le Baraquer était rentré au château. Il était revenu rapidement à Freysolles. — En passant auprès de sa maison, il avait entendu le cri de Roch. Il avait éveillé son frère, et tous deux, armés chacun d'une *canardière*, s'étaient introduits dans le jardin.

Ils s'avancèrent résolûment jusqu'au pied de l'échelle.

Roch, affreusement mutilé, gisait sur le sol, les jambes écrasées par la lourde caisse, le visage couvert de sang, les mains frémissantes et crispées sur l'un des montants de l'échelle.

D'un coup d'œil le père Mathieu reconnut le mendiant à qui il avait donné l'hospitalité, et la caisse que lui avait confiée le défunt M. de Champcarré.

Un instant la colère lui monta au cerveau. Il fit un pas vers le bandit, la crosse haute, mais son inaltérable bonté le retint.

— Il faut remonter cette caisse chez nous, dit-il à son frère, et replacer ce coquin dans son lit. Demain nous aviserons.

Le frère du père Mathieu avait pleine confiance dans le jugement de son aîné. — Il ne fit aucune observation, et il l'aida successivement à rentrer la caisse et à rentrer le faux mendiant.

Un quart d'heure après, la maison du patriarche avait repris son aspect tranquille.

XII

Encore chez le buraliste.

Huit jours après la scène que nous venons de raconter, un certain nombre de PACANS étaient réunis, selon l'usage antique et peu solennel, chez M. Grisey. — La conversation qui avait lieu entre ces divers personnages expliquera aux lecteurs la position de quelques-uns de nos héros et servira de transition entre ce qui précède et les dernières péripéties qui vont se dérouler avec rapidité jusqu'à la fin de ce premier épisode de notre étude sur les paysans franc-comtois.

Naturellement le dé de la conversation était tenu par le buraliste.

Ce grave fonctionnaire était allé chez le père Mathieu, chez M. Galoppot, chez tout le monde. — A part quelques hyperboles qu'il fallait réduire aux proportions d'une réalité moins aventureuse, ses paroles étaient à peu de chose près l'expression de la vérité.

Le vent de la faveur populaire s'était, hélas ! retourné.

— Il ne soufflait plus du côté de Jacques Bertrand, qui était devenu en très-peu de temps l'objet du blâme universel.

— Enfin, dites-nous *voir* un peu, monsieur Grisey, fit un des paysans, comment cette affaire-là s'est arrangée. — On a dit que la fille du maître d'école devait se marier avec ce Bertrand; on a même raconté qu'elle était grosse; crac! voilà qu'on annonce que le mariage est cassé et que cette mijaurée de Galoppot n'a pas plus d'enfant que ma petite qui n'a que dix ans...

M. Grisey leva les bras vers le ciel.

— Le bon Dieu, répondit-il, perdrait son latin à vouloir débrouiller tout cela. — Ce qu'il y a de sûr et de certain, c'est que Jacques Bertrand est une canaille fieffée. Il a *enjôlé* la petite Galoppot en lui promettant le mariage; et aujourd'hui il ne veut pas s'exécuter. Il prétextait tantôt une chose, tantôt une autre, pour ajourner le moment du *conjungo*; mais enfin, le père Galoppot, d'après mes conseils (vu que c'est un ami et que, quoique savant, il est de lui-même bête comme deux ânes), le père Galoppot, dis-je, voulu avoir avec Jacques Bertrand une explication décisive.

— Ah! et qu'est-ce qui est arrivé?

— Pas grand'chose de bon, comme vous allez voir. Jacques Bertrand a ri au nez du maître d'école; puis il l'a *agonisé* de sottises en lui disant que sa fille avait des amants et qu'il ne voulait pas d'une femme comme cela; qu'il l'avait surprise en tête-à-tête avec un homme pendant la nuit, dans le jardin de la maison commune; qu'en somme il n'en voudrait point pour cirer ses bottes...

— Le père Galoppot n'a rien répondu?

— Eh! pardine!... mettez-vous à sa place... qu'est-ce qu'il pouvait répondre? Il a fait simplement voir qu'il n'était pas content, et il a quitté Jacques Bertrand, qui était à moitié ivre, comme c'est de reste son habitude.

— Mais où cela se passait-il?

— Dans la maison de Jacques Bertrand, s'il vous plaît.

— Bah! Le maître d'école y est allé?

— Oui! Et pour comble d'insolence, Jacques Bertrand l'a invité à souper le même soir.

— Il n'y est pas allé?...

— Galoppot est un peu porté sur sa bouche; mais cependant il n'y est pas allé.

— Ça ne m'étonne point... après un tour pareil... Moi, on sait bien que je ne suis pas méchant; mais cependant, si pareille chose m'était arrivée, je ne sais pas ce que j'aurais fait à ce coquin-là...

Un autre paysan s'interposa.

— Bah! Lili, dit-il, tu aurais fait tout comme les autres. Le maître d'école a été puni comme il le méritait. Il voulait faire épouser sa fille à Bertrand, parce que Bertrand devait être riche. C'est de l'ambition, ça, ou je ne m'y connais pas. Et si Julie a été prise au traquenard, c'est tant pis pour elle, et tant mieux pour son père, qui est un vilain moineau...

— On voit bien que tu n'aimes guère M. Galoppot.

— Je crois bien, fichtre!... J'ai mon fils qui va en classe près de lui; il est revenu de l'école l'autre jour avec les oreilles toutes *ensaignées*.

— C'est à peu près tout ce qu'il sait *enseigner*, fit le buraliste, qui sacrifiait, comme Voltaire, un ami à un bon... mauvais mot.

— Ah! à la bonne heure, voilà une fière parole!...

M. Grisey prit un air sérieux.

— Quoiqu'il en soit, dit-il, je ne saurais admettre qu'on pût porter ainsi le malheur et la honte dans une famille sans que cette famille eût elle-même le droit de rien exiger en échange... A ce compte-là nous retombons sous la loi des chiens : le plus fin ou le plus fort est le maître.

— C'est pardié vrai!

— Mais laissez aller les choses! le père Galoppot aura des gens influents pour le soutenir.

— Il me tarde bien de savoir, moi, dit celui qu'on avait appelé Lili, le contenu de ce fameux testament; c'est aujourd'hui qu'on doit l'ouvrir chez le notaire.

— Oh! on sait déjà à la ville ce qu'il en est.

— Nous le saurons aussi tout à l'heure. Le père Boyon est à la ville. Il reviendra bientôt.

— Mais, monsieur Grisey, il y a une chose qui m'étonne; c'est qu'on ne voit plus ce Jacques Bertrand à Freysolles, ni à Champcarré, pas plus que le docteur...

— Il y a quelques choses là-dessous, c'est évident; on le saura aussi. Tout le monde autour de nous prend des allures mystérieuses; il faut que cela finisse... — Le père Mathieu lui-même a l'air de ne plus savoir de quelle main se moucher. Lui qui était toujours par voies et par chemins, il s'enferme chez lui comme un ours gris.

— Moi, je l'ai vu hier courir avec Coco le Baraquer à la tombée de la nuit. J'ai passé à côté d'eux, et j'ai entendu qu'ils parlaient du maître d'école.

— Entre nous, je crois que Coco n'a jamais été si bête qu'on a bien voulu le dire.

— J'ai toujours pensé cela aussi.

— Vous verrez dans quelque temps qu'il va faire des siennes. C'est moi, Grisey, qui vous le dis, et je suis un malin.

— Pour cela, c'est certain.

Un paysan passait en ce moment sur le pont du Mortard.

— Tiens! fit l'assemblée en chœur! c'est le papa Boyon.

M. Grisey sortit de sa boutique et héla le paysan qui se dirigeait d'ailleurs du côté du bureau de tabac.

— Ah! ah! s'écria le nouveau venu, vous voudriez bien savoir ce que je sais?

— Asseyez-vous, père Boyon; je vais faire servir *la goutte* et vous nous direz ce qu'il en est...

— C'est qu'il y a du nouveau, cette fois-ci; mais buvons un coup et nous allons voir.

Les assistants rapprochèrent leurs chaises de celle du père Boyon. Suivant l'expression antique, ils étaient tout oreilles; mais comme pour manifester visiblement l'attention on ne peut pas dilater le pavillon des oreilles, ils ouvraient la bouche.

Boyon vid son verre.

— Voici, dit-il!... Je suis entré chez le notaire où se trouvait déjà *tout plein* de monde. On a ouvert une grosse liasse de papiers et on a lu le testament.

— Ah! ah!...

— Vous ne devineriez jamais qui est-ce qui est nommé héritier universel!

— Ma foi non!

— Ni moi non plus.

— Je donne ma langue aux chiens.

— Je donne ma part aux chats.

Le paysan reprit au milieu d'un silence si profond qu'on aurait entendu sangloter une fourmi.

— Eh bien, messieurs, c'est Coco le Baraquer !
Une clameur énorme s'éleva.
— Hein ! j'avais bien raison ! cria triomphalement le buraliste. J'avais prévu cela !...
— Un instant, fit le père Boyon. Dans ce testament-là, il y a des donations particulières.
— Pour qui ?
— D'abord, il y a le père Mathieu qui a quatre cent mille francs.
— Oh !...
— Qu'il n'a pas voulu accepter pour lui...
— Vieille bête !...
— Oui, mais il les a acceptés pour ses neveux qui auront chacun une bonne somme.
— Ces enfants-là ont toujours eu de la chance.
— Silence encore un peu, messieurs. Il y a encore autre chose. Vous êtes porté dans ce testament vous, monsieur Grisey.
Le buraliste pâlit de joie.
— Moi, moi balbutia-t-il !...
— Oui vous ! mais je ne me rappelle plus, si c'est pour mille ou deux mille francs.
— Sapristi ! je ferai reboucher mes gouttières. Encore un petit verre, père Boyon.
— Ce n'est pas tout. M. de Champcarré a fait une rente à Diodot Maillard... douze cents francs, je crois, pour qu'il garde son cheval.
— Bah !
— Oui ! mais vous n'avez pas encore tout entendu. Au moment où la lecture finissait, voici deux hommes qui entrent. L'un était le père Mathieu. Il apportait un codicille dont on ne veut donner lecture qu'aux intéressés ; l'autre, qui était un étranger a remis au notaire un second testament par lequel le premier est annulé et qui donne tout à Jacques Bertrand et au docteur Brochet.
M. Grisey poussa un soupir qui ressemblait à un beuglement.
— Ce testament est faux ! s'écria-t-il.
— Ma foi, je n'en sais rien, on a fait sortir tout le monde. Il n'est resté avec le notaire que Coco, qu'on appelle M. de Champcarré gros comme le bras, le père Mathieu et l'étranger. Et je ne sais plus rien...
Le buraliste leva brusquement la séance.
— Je vais mettre mes souliers, dit-il, et aller à la ville m'assurer de tout cela.

———

Que le lecteur veuille bien se transporter avec nous dans une vaste salle meublée d'un gros poêle en faïence qui ronfle comme une chaudière d'usine, de trois ou quatre bureaux en noyer, surmontés de pupitres recouverts de drap verdâtre, d'une vaste bibliothèque qui occupe toute la largeur des murs.
C'est l'étude du notaire Vacherot, où vient d'avoir lieu la lecture du testament de M. de Champcarré.
Nous connaissons déjà la plupart des personnages qui se trouvent en ce moment dans l'étude.
L'étranger, porteur du second testament, n'a point encore paru dans le cours de cette véridique histoire ; mais comme il n'est qu'un comparse dans notre récit, nous dirons simplement que c'était un de ces hommes d'affaires dont l'existence est tant soit peu problématique et qui servent d'intermédiaires entre le notaire et son client, l'avoué et sa pratique.
Au physique, celui-ci semblait n'exister qu'à l'état de porte-lunettes. — En effet, de quelque côté qu'on se plaçât pour l'examiner, on n'apercevait de lui que les montures luisantes ou les verres de ses besicles.
En revanche on l'entendait beaucoup trop.
Depuis son entrée dans l'étude, il n'avait fait que bavarder bavarder, bavarder, à tort et à travers, avec une de ces voix grêles qui vous tympanisent comme un solo de cymbales.
Me Vacherot, les mains derrière le dos, se promenait de long en large dans la salle, en attendant que cette cataracte de paroles fût épuisée.
Mais l'homme d'affaires continuait toujours.
En sa qualité de premier intéressé, le Baraquer crut devoir mettre un terme à ce flux verbal.
— Monsieur, dit-il, vous n'avez jusqu'à ce moment fait preuve que d'esprit ; dans toute autre circonstance, je vous écouterais avec le plus grand plaisir ; mais il s'agit maintenant d'une chose fort grave. Voulez-vous répondre à mes questions ?
— Volontiers, monsieur, volontiers.
— Alors qui vous a remis ce testament ?
— Que vous importe, monsieur ? Il s'agit de savoir simplement si ce testament est valide ou non. Or, vous n'avez qu'à jeter un coup d'œil sur l'écriture, à remarquer le style à vérifier la date ; et voilà tout. — Dans le cas où vous ne jugeriez pas convenable de reconnaître la validité de ce testament, on plaidera, monsieur.
Une telle impudence révoltait le père Mathieu.
Quant au notaire, il se contenta de murmurer.
— Il faut une expertise...
— Mais enfin, monsieur le notaire, dit à son tour le père Mathieu ; vous qui connaissez les lois, vous devez bien savoir qu'on ne peut pas plaider sans connaître son adversaire...
— L'adversaire, c'est moi, interrompit l'homme d'affaires.
— Bien, fit le paysan ; alors vous représentez naturellement MM. Bertrand et Brochet.
— Oui !
— Eh bien, moi, ajouta solennellement le père Mathieu, je vous dis que ce testament est faux.
— Comment ! comment, monsieur, osez-vous !...
Le Baraquer mit la main sur le bras du vieillard.
— Vous savez ce que j'ai promis, dit-il tout bas, Jacques est mon frère, je ne veux pas qu'il soit inquiété...
— Mais répondit le vieillard également à voix basse, vous perdez tout alors.
— J'aimerais mieux tout perdre que d'en venir à l'effroyable extrémité d'envoyer au bagne le fils de mon père.
Le vieillard haussa les épaules.
— Pauvre enfant, dit-il, pensez-vous que par ce généreux abandon, vous obtiendriez quelque chose de votre frère ? Mais c'est bien ! ce que vous faites est beau ; je ne puis pas vous en blâmer... Néanmoins, avant d'en venir là, laissez-moi agir.
Il se tourna vers l'homme d'affaires.
— Pouvez-vous nous donner l'adresse de M. Brochet ou de M. Bertrand.
— Je ne la connais pas.
— Très-bien ! moi je me charge de la trouver, maintenant vous pouvez faire suivre son cours au procès que vous nous intentez.
— Je vais immédiatement trouver mon avoué.
Le notaire arrêta l'homme d'affaires.
— Monsieur, lui dit-il, puisque vous représentez MM. Brochet et Bertrand, ainsi que vous me l'avez prouvé, je dois vous donner lecture du codicille.
— Très-bien, monsieur.
Le notaire lut.

Dès qu'il eut terminé, l'homme d'affaires parut prendre une nouvelle détermination.

— Je vais, dit-il, donner connaissance de ce codicille à mes deux clients.

— Alors, fit le père Mathieu frémissant de colère, vous mentiez donc en disant que vous ne saviez pas leur adresse.

— Oui, monsieur, je mentais, dit effrontément l'homme d'affaires. Et après ?

Le vieillard, tout étourdi de ce cynisme prit le bras du Baraquer :

— Allons-nous-en, lui dit-il, j'éclaterais !...

Dès qu'ils furent dans la rue, le père Mathieu baissa la voix.

— Ecoutez-moi, dit-il au jeune homme ; ce coquin ne veut pas écrire à ses clients, comme il les appelle ; parce qu'une indiscrétion des employés de la poste nous ferait connaître leur adresse. Il est certain qu'il ira chez eux. Il n'y a pas d'autre moyen que de le suivre. Vous êtes jeune. Vos jambes valent mieux que les miennes. Tâchez de le joindre. Surtout ne le perdez pas de vue, et écrivez-moi ou envoyez-moi un exprès pour me dire où ces deux hommes se sont retirés. J'irai vous rejoindre.

Quant à moi, ajouta-t-il encore plus bas, je vais me faire votre ambassadeur à Freysolles ; je préparerai tout, et quand le moment sera venu, je vous le dirai.

— Excellent ami, excellent père, fit le jeune homme en serrant la main du vieillard. Oh ! je compte sur vous.

— Allez, François, ne perdez pas de temps, mon ami. Ils se quittèrent.

Comme ils tournaient l'angle de la rue, ils aperçurent M. Verlux (c'était le nom de l'agent d'affaires) qui sortait de l'étude de M⁰ Vacherot.

Le Baraquer remonta la rue sans affectation, comme s'il eut eu l'intention de revenir à l'étude ; mais il la dépassa et s'engagea dans une petite rue latérale, et il entra dans un café.

Un instant après, M. Verlux passa devant ce café en marchant à grand pas et il courut au bureau des diligences.

Dès qu'il en fut sorti, le Baraquer alla lui-même dans ce bureau.

— La voiture de Besançon est-elle au complet ? dit-il.

— Ma foi non, — fit le contrôleur ; il n'y a qu'un voyageur, qui sort d'ici, et encore s'arrête-t-il à Brazin ?

— C'est bien, voilà deux francs d'arrhes, fit le Baraquer en jetant sur la table une pièce de quarante sous. Mais si je ne viens point à l'heure, vous ne m'attendrez pas.

XIII

La Ferme Brazin.

A quelques lieues de Besançon, dans la direction du nord, on voit un village moitié suisse, moitié comtois, pauvre, délabré, misérable, avec des murs en pisé lézardés par l'âge et les pluies, avec des toitures dont le chaume pourri forme une sorte de fumier, d'où le soleil de juillet lui-même ne peut extraire complètement l'humidité.

C'est Brazin.

Un sentier qui enveloppe cette triste agglomération rurale grimpe tortueusement autour d'une montagne conique du sommet de laquelle on aperçoit le pic éternellement neigeux du Mont-Blanc.

Là, le sentier se perd sur l'un des versants : on se penche pour chercher à le retrouver de l'œil et l'on découvre une vaste construction noirâtre qui semble avoir été bâtie par un architecte moderne, sur les fondations d'une forteresse du XIV⁰ siècle.

De loin, on dirait un château ; de près elle offre l'aspect d'une ferme helvétique dont les habitants auraient fui devant la menace d'une avalanche.

Car ce bâtiment ne paraît pas habité. Les cours sont désertes, pas d'aboiements. — Le chat, ce tigre familier à qui la domesticité n'a point encore fait oublier les jungles, ne se promène point sur le couronnement des murs qui, à cette époque de l'année, sont moirés par le verglas et les cristallisations de la neige.

Pourtant, si l'on s'approche plus encore, après avoir préalablement tourné la partie supérieure du cône de la montagne, on remarque deux fenêtres dont les volets sont ouverts et dont les rideaux agités intérieurement à des intervalles irréguliers décèlent la présence d'êtres animés.

C'est dans ce sombre édifice en effet que nous retrouverons Jacques Bertrand et le docteur.

Effrayé de la disparition de l'enfant et ne recevant aucune nouvelle de Roch, M. Brochet avait cru prudent de gagner la frontière, prêt à la traverser au premier bruit inquiétant. — Redoutant aussi les indiscrétions du prévôt d'armes, il l'avait décidé à l'accompagner, démarche que le soldat s'était empressé de faire pour éviter des poursuites qui lui paraissaient imminentes.

Mais cette séquestration apparente n'empêchait point M. Brochet de suivre le cours de ses ténébreuses menées. — M. Verlux le tenait au courant de tout. — Ainsi, deux jours après son arrivée à la ferme de Brazin, il avait reçu des mains de son affidé quelques lettres parmi lesquelles se trouvait un billet ainsi conçu à l'adresse de Jacques Bertrand :

« — L'enfant est en sûreté, on en prend soin. »

M. Brochet avait remis ce billet à son destinataire, dont la conscience s'était subitement rassurée et qui avait repris sa bonne humeur habituelle.

Il n'en était pas de même du docteur.

Tandis que Jacques battait la campagne avec un vieux fusil de garde national, épouvantant les lièvres et les bartavelles, le créateur du drame que nous racontons travaillait silencieusement dans son cabinet, songeait, rêvait, combinait.

Il ne sortait que le soir ; encore ne s'éloignait-il que de quelques centaines de pas, soit pour guetter le passage de la voiture de Besançon, soit pour respirer à son aise.

Si l'on eût pu le voir marchant pensif, le front courbé, les joues livides, on eût été frappé de sa rapide décomposition physique. — En quinze jours, il avait vieilli de quinze ans.

Quelle était la cause de cette métamorphose étrange ?

L'idée du crime qu'il avait failli commettre ne le tourmentait point. — Il ne songeait qu'à son projet qu'il sentait échouer. — Il n'avait travaillé qu'en vue d'un seul but, et il voyait qu'il allait manquer ce but.

Cette demi-certitude avait commencé son supplice.

Et plus le temps marchait, plus les complications du testament s'enchevêtraient, plus ce supplice devenait intense.

Le soir de la lecture du testament, le docteur se promenait selon son habitude. — Jacques Bertrand n'était point encore rentré.

Un vent froid, ne venant d'aucun des points cardinaux, mais de tous à la fois, sifflait comme un millier de serpents et emportait jusqu'aux nuages des flocons de neige qui, en tourbillonnant, ressemblaient à de gigantesques colonnes de granit blanc.

Absorbé par sa pensée, M. Brochet ne s'occupait ni de la bise, ni de la neige, ni de l'obscurité croissante.

Ses bras croisés sur sa poitrine, la tête penchée en avant, il marchait comme une de ces funestes apparitions que l'on voit en songe quand on est menacé d'une catastrophe, car, selon l'expression d'Homère, le rêve vient aussi de Dieu.

Et, tout en marchant, il entendait la voix de son ambition qui se lamentait dans son âme.

Peu à peu, cependant, ses traits se détendirent. — Un pâle sourire crispa ses lèvres. — Il releva la tête comme le vaincu qui sent la revanche prochaine.

— Après tout, se dit-il, rien n'est perdu. Si Roch avait été surpris, je le saurais. — On l'aurait conduit en prison. Je n'entends point parler de lui, donc il s'est échappé. Peut-être même, prévoyant des difficultés, n'a-t-il pas fait le coup. — C'est bien raisonné. — Le coquin a trouvé plus convenable de manger trois mille francs qui ne lui coûtaient rien, que de hasarder sa liberté pour trois autres mille francs qu'il n'était pas sûr de toucher. En somme, je suis volé simplement de mille écus. Rien en conséquence ne peut m'inquiéter de ce côté.

Il avança de quelques pas ; il réfléchissait de nouveau. Tout à coup il se frappa le front :

— *Eurêka*... j'ai trouvé, s'écria-t-il !...

Et il s'achemina rapidement du côté de Brazin.

Comme il arrivait à l'angle d'une des premières masures du village, le claquement d'un fouet retentit ; il entendit le grelot des chevaux, et il aperçut au loin la lanterne d'un véhicule, laquelle brillait comme une étoile du ciel tombée sur la terre.

C'était la voiture de Besançon qui portait cette étoile déchue.

Le docteur, que ses nouvelles réflexions enhardissaient outre mesure, s'avança résolument au-devant de la voiture.

Le patachier, à l'aspect d'un homme bien vêtu, mit ses chevaux au pas :

— Venez-vous à Besançon, monsieur ? lui demanda-t-il.

— Non pas, mon brave, répondit le docteur, seulement, j'attends quelqu'un, et justement, c'est monsieur.

M. Verlux sautait de la diligence. — Il vint serrer la main au docteur :

— Ah ! mon cher monsieur, lui dit-il ; vous avez donc abandonné votre solitude ; comme Siméon Stylite vous descendez de votre colonne ; vous dites adieu à votre Thébaïde. Comment vous portez-vous ? L'horizon politique se rembrunit, mon cher docteur. — Lisez-vous les journaux ? Je ne crois pas ! aussi j'en ai apporté beaucoup, le *Moniteur*, la *Quotidienne*, le *Globe*, puis des feuilles de médecine... Mon cher docteur, Louis-Philippe file un mauvais coton. — A propos de vos affaires, nous en reparlerons ; il y a espoir, espoir réel ! Je vous accompagne.

— Passez devant, docteur. A propos, il est arrivé divers accidents. Il y a eu des gens ensevelis dans la neige. Ah ! docteur, la mauvaise année !... Quel froid ! Les laboureurs se plaignent. Marchez ! je vous suis...

M. Brochet, tout étourdi de la volubilité de son homme d'affaires, et ne sachant comment répondre à tant de questions, prit le parti de ne rien dire...

— Il rebroussa chemin en faisant signe à M. Verlux de le suivre.

Lorsqu'ils furent arrivés en face de la ferme, l'homme d'affaires avait sans doute épuisé son répertoire, car il se tut. M. Brochet profita de ce moment de silence pendant lequel M. Verlux en réalité s'occupait à respirer et non à se taire.

— Il faut, lui dit-il, que je vous charge d'une nouvelle mission qui exige la plus grande célérité et la plus grande discrétion.

M. Verlux avait respiré.

— Vous savez, répondit-il, mon cher docteur, que l'on peut se fier à moi. Je suis l'être qui expédie le plus rapidement et le plus sûrement les affaires qui...

— Je sais, je sais tout cela, mon cher monsieur ; mais il s'agit en outre de ne rien dire à M. Bertrand lui-même.

— Je serai muet... du moins, à cet égard, vis-à-vis de M. Bertrand.

— Eh bien ! écoutez-moi.

L'agent d'affaires se rapprocha du docteur.

— Je vais vous confier un secret, continua M. Brochet, secret qui n'en sera plus un pour personne dans quelques jours ; mais les circonstances m'obligent à passer par-dessus les bornes de la convenance...

— Il y a dans la vie, disait Pascal...

— Donc, continua le docteur, il est arrivé ceci. La fille du maître d'école de Freysolles, mademoiselle Galoppot, vient d'accoucher d'un garçon. Jacques Bertrand est le père de cet enfant. Or, lorsque l'enfant naquit, il fut placé sur l'appui d'une fenêtre, pendant que moi, l'accoucheur, je donnais à la mère les soins que réclamait sa position.

— Je comprends... L'enfant n'a pas vécu.

— Vous vous trompez. Un homme ouvrit la fenêtre qui n'était du reste qu'entrebâillée, il enleva l'enfant.

— Diable ! Voilà qui est audacieux !...

Le docteur sourit.

— J'ai lieu de croire, ajouta-t-il, et même je suis certain que cet enfant a été enlevé par celui qu'on appelle aujourd'hui M. François de Champcarré.

— Ah ! sac à papier ! s'écria l'homme d'affaires ! La lumière se produit dans mon esprit. Je vois clairement le fond, le milieu et la surface de cette intrigue. Tenez, voici la copie d'un codicille qui vous expliquera tout.

Et il remit un fragment de papier entre les mains de M. Brochet.

Celui-ci s'empressa de lire.

— Pardieu, dit-il, voilà le mobile parfaitement révélé. — M. de Champcarré, père, constitue une certaine somme pour celui qui élèvera l'enfant et prendra soin de la mère ; c'est très-clair !

Puis une réflexion poignante vint rembrunir le front du docteur.

— Oh ! se dit-il, si ce Bertrand, alléché par l'argent, allait renoncer à poursuivre... S'il allait épouser cette petite fille !... où en seraient mes affaires ? il divulguerait tout !... je serais perdu. Il faut à tout prix que Jacques ne sache rien avant quelque temps.

Il se tourna du côté de M. Verlux qui s'abandonnait en ce moment à une savante dissertation juridique au sujet de la recherche de la paternité, et qui racontait aux échos ce qui s'était passé à la lecture du nouveau testament, chose que le docteur connaissait déjà ou avait devinée.

— Toutes réflexions faites, mon cher monsieur, lui dit-il, il vaut mieux que vous passiez la nuit à Brazin qu'à la ferme, vous êtes sans doute affamé, et, ne prévoyant pas votre arrivée, je n'ai donné aucun ordre à ma cuisinière.

— Oh ! vous savez que je suis la sobriété même ; et j'ignore si je pourrais trouver un gîte à Brazin.

— Je vais vous y conduire, et en même temps je vous donnerai un à-compte sur vos honoraires.

Le docteur rebroussa chemin, et M. Verlux le suivit bon gré malgré. Ce qui lui mettait un peu de beaume dans

le cœur, c'était la dernière parole de M. Brochet. Elle vibrait à ses oreilles avec des sons argentins.

— Combien me donnera-t-il? — pensait l'homme d'affaires.

Et cette question qu'il s'adressait eut pour résultat de le laisser un instant muet.

Le docteur remarqua que le coup avait porté.

— A quel chiffre, monsieur, lui dit-il, évaluez-vous les dépenses que vous avez faites pour moi?

— Hé! hé! balbutia M. Verlux, quelque chose comme 150 francs.

Le docteur tira de son portefeuille un billet de 500 francs.

— Prenez toujours ceci, dit-il. Si nous réussissons, je vous décuplerai ce billet.

M. Verlux empocha vivement le papier soyeux de la Banque de France, non sans avoir constaté *de visu* qu'il était bon.

Et ils continuèrent leur route.

Arrivés à Brazin, ils entrèrent dans une sorte de bouge, étroit, enfumé, où une vieille femme assise sur un escabeau au coin d'un grand feu, faisait rôtir dans une poêle un lapereau tout entier.

— Avez-vous un souper et un lit? demanda le docteur.

— Oui, monsieur, répondit la vieille. Nous avons déjà un voyageur, ce monsieur partagera son souper, si ces messieurs veulent passer dans le *poêle!...*

Le docteur précéda son homme d'affaires dans une chambre un peu plus propre que la première, mais qui n'était éclairée que par un globe de verre posé sur un chandelier.

Dès que la porte se fut refermée sur eux, M. Brochet acheva de dévoiler son projet à M. Verlux.

— Lorsque vous serez de retour chez vous, lui dit-il, — rendez-vous immédiatement chez le procureur du roi et intentez au sieur François de Champcarré une action devant le tribunal correctionnel, pour l'enlèvement dont il s'agit. — Vous ne prononcerez que le nom de Jacques Bertrand, père de cet enfant; comme vous avez sa procuration, cela ne souffrira aucune difficulté. — Ne craignez ni le scandale, ni la publicité. — Nous en avons au contraire besoin. — Qu'importe l'honneur d'une petite fille, quand il s'agit d'aussi grands intérêts... Vous me comprenez?

— Sans doute.

— Je vous quitte alors. A la moindre nouvelle, écrivez-moi: ou plutôt venez me trouver.

M. Brochet serra la main de l'homme d'affaires et se retira.

Comme il sortait de l'auberge, un personnage enveloppé d'un long manteau et chaussé de bottes à éperons, secouait sur le seuil de la porte ses vêtements tout blancs de neige.

La tête de cet homme, cachée par l'ombre des murs, n'apparut point au docteur.

Mais, dès que celui-ci se fut enfoncé dans la brume, le voyageur fit un geste.

— Oh! oh! dit-il; voilà Satan, son damné n'est pas loin!...

Et il entra dans l'auberge.

A la vue de l'homme d'affaires, à qui l'on venait de servir la moitié du lapereau, l'étranger fit signe à la vieille femme qu'il ne voulait pas manger au *poêle*.

— Vous avez une chambre et un lit, ma bonne dame, lui dit-il à voix basse?

— Oui, monsieur, répondit l'aubergiste ; la chambre où vous coucherez...
— Eh bien ! conduisez-moi. Vous m'apporterez-là ce reste de lapereau et une bouteille de vin.
Et il ajouta en glissant un écu dans la main de la vieille :
— Voilà pour votre peine.
L'aubergiste se glissa devant lui et le fit entrer dans une sorte de soupente où il devait passer la nuit.
M. Verlux ne l'avait pas aperçu.
Pendant que cette petite scène de cache-cache avait lieu, le docteur rentrait à la ferme.
Jacques Bertrand l'y avait précédé de quelque minutes seulement.
Le prévôt d'armes, transi de froid, crotté comme un barbet, se tenait dans la cuisine, les pieds étendus sur les chenêts du foyer, dans l'attitude d'un homme qui s'ennuie mortellement.
— Eh bien, mon cher, fit le docteur, d'un ton dégagé, quoi de nouveau?
— Vous voyez, docteur, je suis entrain de me dégeler...
— Et la chasse?
— J'ai tué le temps... plus un lièvre. — Mais vous, qu'avez-vous fait?
— Je viens de terminer ma promenade accoutumée.
Il y eut un instant de silence, qu'interrompit au bout de quelques secondes M. Brochet.
— A propos, dit-il, j'ai vu notre homme d'affaires. J'oubliais de vous en parler.
— Ah !
— Les choses sont en bonne voie, seulement il faut vous résigner à rester encore quelque temps ici.
— Peuh !
— Pour vous remettre en bonne humeur, je vous raconterai le tour que nous allons jouer à votre prétendu frère, l'ex-Baraquer.
— Voyons !...
— Nous les traduisons en police correctionnelle pour avoir enlevé l'enfant de Julie.
— Oh !
— N'est-ce pas que c'est bien imaginé ?
Le soldat se leva de sa chaise.
— Mille Dieux ! s'écria-t-il, vous êtes un grand homme, docteur ! On le condamne. — Condamné, il aurait mauvaise grâce à revendiquer la moindre portion de l'héritage; et nous voilà en pied, comme on dit au régiment ! C'est magnifiquement combiné, en vérité !
— Mais pour cela, mon cher, il faut une condition.
— Ah !
— Il faut que vous m'obéissiez entièrement et aveuglément.
— Ne suis-je pas tout à vous ? Vous me nourrissez ; vous m'hébergez ; vous me donnez tout ce que je veux ; de l'argent, etc... Je serais un ingrat et un imbécile si je me révoltais contre vous...
Les deux complices échangèrent une cordiale poignée de main.

XIV

Partie carrée.

Le lendemain M. Verlux partit au point du jour.
Coco (tous nos lecteurs l'ont reconnu) ne crut pas devoir se présenter à la ferme dont la porte lui aurait été impitoyablement fermée. Il remit donc sa visite à l'après-midi, comptant un peu sur le hasard pour se trouver en face de son frère, et résolu d'un autre côté à attendre l'arrivée du père Mathieu à qui il avait écrit avant son départ de la ville.
Il est inutile de dire que sachant le voyage de l'homme d'affaires à Brazin, il avait loué un cheval et était arrivé à sa destination aussitôt que M. Verlux.
Donc, vers une heure, le Baraquer se mit en campagne.
Il longea d'abord la base de la montagne ; mais, n'apercevant personne, il gravit le sentier dont nous avons parlé et se trouva bientôt à quelque toises au-dessus de l'habitation du docteur.
Un pâle rayon de soleil mordorait la neige.
M. Brochet, la tête découverte, le crâne tout luisant aux reflets de l'astre d'or, se tenait debout sur un balcon chancelant, adossé à l'une des fenêtres du premier étage.
Le Baraquer n'eut pas de peine à le reconnaître. — Penché vers le bâtiment, il étudiait attentivement tous les gestes, tous les mouvements de son ennemi.
Il le vit tour à tour passer sa main sur son front comme pour chasser une idée pénible, puis baisser la tête comme s'il eût voulu étudier quelque chose dans l'herbe.
Les mouvements du docteur étaient lents et pénibles : parfois l'épiderme de son crâne dévasté par une calvitie précoce se plissait de rides laborieuses.
Mais tandis que Coco disait : *remords;* le docteur disait *combinaison.*
L'étude de cette tête absorbait de plus en plus l'attention du Baraquer.
Un coup de fusil le tira de sa rêverie.
Il se jeta brusquement en arrière et dès qu'il ne fut plus exposé aux regards de M. Brochet, il se dirigea du côté d'un petit bois de sapins qui couronnait un des mamelons de la montagne.
C'était de là qu'était partie la détonation.
A l'angle de ce bois, un homme accroupi, le dos tourné à la ferme, cherchait fort minutieusement dans un tas de neige un gibier quelconque qu'il venait sans doute de tirer.
— Mon frère, murmura Coco.
Il s'avança vivement vers le chasseur et lui frappa sur l'épaule.
— Jacques, dit-il, d'un ton affectueux !...
— Bertrand se retourna, montrant à François sa face rougeaude sur laquelle s'épanouissait et se hérissait sa moustache féline. Cette physionomie ne témoignait que la mauvaise humeur; mais, dès que le prévôt d'armes eut reconnu Coco, sa figure prit des teintes violettes, un grognement s'échappa de sa poitrine.
— Que me veux-tu ? scélérat ? s'écria-t-il.
— Te parler, Jacques, répondit le Baraquer avec calme.
— Que diable as-tu donc à me dire !... Mille dieux ! tu aurais mieux fait de rester à Freysolles.
— Et pourquoi cela?
— Mais, monsieur, parce qu'il pourrait arriver que je m'emportasse un peu, pour parler comme M. Galoppot, et que je cassasse d'un coup de crosse de fusil la vilaine *boule* que vous avez la fatuité de nommer votre tête.
— Et après?
— Ma foi, après, je me laverais les mains.
— C'est bien ! tu me casseras la tête si tu veux tout à l'heure, cela m'est indifférent ; mais je t'en prie au nom de notre mère qui nous regarde peut-être en ce moment du haut du ciel, mon frère, écoute-moi !
Jacques fit un geste de baladin.

— Fichtre! dit-il, comme cela vous manie la phrase!.. Je vous ferai observer, monsieur le Baraquer, que vous ne faites en ce moment que prouver une chose : c'est que la terre tourne, attendu que, si la pauvre femme qu'on a mise dans la terre est en ce moment au ciel, c'est grâce à un mouvement de rotation...

— Silence, Jacques! Insulte-moi, tue-moi si tu as envie de me tuer, mais ne plaisante pas avec le souvenir de celle qui t'a porté dans son sein!...

Bertrand balbutia un blasphème et sembla plus que jamais s'occuper de la recherche de son gibier.

— Es-tu prêt à m'écouter? demanda Coco.

— Je te répète que tu me fatigues et que je t'engage à passer ton chemin.

— Tu ne veux donc pas savoir de nouvelles de ton enfant?

Jacques se retourna une seconde fois et se mit à rire :

— Mon enfant, dit-il ! ah ! c'est comique !.. qu'est-ce que cela fait, l'enfant d'une pareille drôlesse? Elle avait de singulières dispositions, la demoiselle; j'en ai profité! Vois-tu, Coco, je vais te donner un conseil. Avec des margotons de cette espèce, on ne s'amuse pas comme toi à rimer des vers plus ou moins bêtes, on va droit au but et voilà tout ! J'ai fait comme cela. Tant pis si l'oiseau s'est laissé prendre. Tu aurais, dans l'occasion, agi comme moi; il est donc inutile de parler de cela.

Le Baraquer avait les bras croisés sur sa poitrine. Il écoutait son frère avec un étonnement qui tenait de la stupeur.

— Jacques, reprit-il, avec une fermeté solennelle, je te croyais égaré mais non pas aussi profondément vicieux. Tu n'as pas de cœur de parler ainsi ! Tu ne veux pas t'occuper de cette femme ni de cet enfant. Prends garde qu'un jour l'un ou l'autre ne soit ton châtiment...

— Je te savais idiot; je ne te savais pas prophète. Du reste, ça se comprend. Les Arabes prétendent que les imbéciles ont le don de voir dans l'avenir.

— Que m'importent tes impertinences, Jacques ; ce n'est pas de moi qu'il est ici question, mais de toi.

— Eh bien ! que me demandes-tu?

— Est-ce que tu ne m'as pas compris?

— Non !

— Alors tu mérites à un plus juste titre que moi l'épithète d'idiot dont tu m'as gratifié tout à l'heure.

Jacques Bertrand rougit de colère :

— Ah çà ! c'est donc pour m'insulter que tu es venu me déterrer ici. Prends garde que je n'aille pas chercher un châtiment pour toi chez une femme ou chez un enfant et que je le trouve dans la paume de ma main.

— Bah ! Je ne te crains pas. Tu as au fond de ton âme de bons sentiments endormis, je ne suis venu que pour les réveiller.

— Et qui donc t'a donné ce droit?

— Je suis ton frère.

— Qu'est-ce que cela fait? Des frères comme toi, j'en trouverais en Sibérie aussi bien qu'ici. J'ai des amis, et Dieu ou le diable me gardent de m'adresser jamais aux parents!...

— Des amis!... j'ai beau chercher autour de toi, je n'en vois qu'un seul.

— Et qui donc, s'il te plaît ?

— Moi.

— Toi? ah ! la bonne plaisanterie !... Tu es ma foi très-drôle.

— Oui, moi! et je ne demande qu'à le prouver.

— Je serais curieux de savoir comment?

— Ecoute-moi donc.

Jacques Bertrand bourra silencieusement sa pipe, l'alluma et s'assit sur un tronc d'arbre en tenant son fusil étendu sur ses genoux.

— Ai-je besoin, dit le Baraquer, de te rappeler tout d'abord les liens naturels qui nous unissent... non ! Tu n'en fais aucun cas; passons. Je dois néanmoins te donner à entendre que dans le grand ordre du monde les Etéocle et les Polynice ne sont que de regrettables exceptions...

— Discours ! discours que tout cela ! Laissons la rhétorique, fit Jacques Bertrand devenu sérieux malgré lui.

— Devons-nous parler du passé? reprit Coco.

— A quoi bon?

— Tu te rappelles donc ta conduite à mon égard? Tu sais que toi, maître d'escrime, tu as consenti à me laisser battre avec toi? Comment appelle-t-on cela au régiment?

Jacques avait mis sa tête dans ses mains :

— Continue! dit-il.

— J'ai été blessé très-grièvement. J'aurais dû mourir, Dieu ne l'a pas voulu. Il me mettait sur tes pas chaque fois que tu voulais commettre une mauvaise action. Ma convalescence a été malheureusement trop longue, autrement j'aurais pu prévenir un autre malheur ; malheur qui frappe une honnête famille et une jeune fille jusqu'alors pure, que tu as flétrie feuille par feuille et que tu rejettes aujourd'hui comme une rose qui n'a plus de parfum.

Bertrand poussa un soupir intraduisible. — Il se retourna du côté de la forêt comme s'il eût entendu quelqu'un venir.

— Bien que je n'eusse pu prévenir ce malheur, reprit le Baraquer, j'en ai empêché un autre. Veux-tu que je te dise lequel?

— Va!...

— C'est que celui-là ressemble beaucoup à une chose que l'on n'est pas convenu d'appeler malheur... il porte un autre nom devant les hommes et devant Dieu...

Les yeux de Jacques Bertrand se fixèrent avec anxiété sur la figure pâle de son frère comme s'ils eussent pu lire la pensée dont le Baraquer enveloppait l'expression de tant de réticences.

— Et de quel nom, murmura-t-il, appelle-t-on cet accident, ce malheur?..

— On lui donne le nom de crime.

Cette fois le prévôt bondit de son tronc d'arbre.

— Que veux-tu dire? s'écria-t-il tout effaré.

Le Baraquer baissa légèrement la voix :

— Je veux dire qu'on voulait assassiner un enfant.

— Frère, je t'en prie, fit Jacques en se retournant de tous les côtés, on peut nous entendre.

Et le complice du docteur donnait les signes de la plus violente terreur.

Coco lui tendit la main.

— Non ! continua-t-il, je ne t'ai jamais cru capable de ce crime. Non ! si tu as renié ton enfant, tu ne l'aurais point tué! Cela est une œuvre infâme qui ne peut être conçue que par un monstre et exécutée par un misérable comme ce docteur.

Un cri, suivi d'un froissement de branches, interrompit le Baraquer.

Le médecin apparut entre les deux frères.

— Ah! tu sais nos secrets! cria-t-il, en s'avançant vers Coco.

Celui-ci recula et regarda le docteur.

La colère, la soif de vengeance, toutes les mauvaises passions remuées par les paroles du Baraquer dans ce bourbier infect qui servait d'âme à M. Brochet, s'étaient transformées en torrent de bile et avaient jailli au visage de l'infâme coquin.

Sa figure, habituellement impassible, s'était revêtue de

cette rougeur sombre, qui a la couleur du sang d'un homme frappé d'un fer empoisonné.

Ses yeux vitreux sortaient de leur orbite; un tremblement nerveux agitait ses lèvres pâles et faisait palpiter et se gonfler les veines bleuâtres de ses tempes.

— Ecoute-moi, à ton tour, continua-t-il. Tu dis que tu connais le crime. Mais ce que tu ne sais pas, c'est que ton frère est au moins aussi coupable que moi.

Jacques Bertrand rechargeait son fusil.

— Recharge, c'est bien, âme basse et vile! lui dit le docteur, moi mort, tu crois que tu échapperas à la destinée. Non! J'ai deux papiers accusateurs chez moi, et lorsqu'une balle m'aura tué, trois mois après, ta tête roulera sur l'échafaud ou le bagne s'ouvrira devant toi.

Le prévôt d'armes retomba anéanti sur son tronc d'arbre.

— Du reste je ne te crains pas, reprit M. Brochet; c'est plutôt à vous deux de trembler, à toi surtout, stupide mendiant que la bâtardise a fait riche... Baraquer des baraques du diable!...

Et le docteur tira de sa poche deux petits pistolets.

— Hein! dit-il! à moi la partie, messieurs! Ah! vous croyez vous jouer de moi tous les deux! vous laviez votre linge sale en famille! Ce bon cœur de Bertrand!.. On lui pardonnait tout! On lui donnait cent mille francs, une petite femme laborieuse, féconde et fécondée, un beau petit enfant tout blond comme monsieur son papa et cet affreux docteur endossait tout! — Il a bon dos! On l'envoyait faire un tour aux galères! que sais-je, moi? Charmant projet!.. Ah! monsieur Bertrand était au moment de se repentir!.. Mon arrivée soudaine a suspendu un bien touchant entretien qui allait se terminer par une belle réconciliation! Mille chaudières de Satan! je ne suis pas précisément un niais, grâce au diable!! —Je ne t'ai pas bourré d'argent, toi ridicule tireur de bottes, comme la sacoche d'un banquier américain, pour que tu me payasses un jour en monnaie de singe... avec une grimace de sensiblerie fraternelle!.. Ah! ah!..

Coco, les bras croisés, la bouche presque souriante, semblait n'être qu'un spectateur désintéressé de cette scène.

Quant à Bertrand, il se releva une seconde fois et il eut un mouvement de fierté :

— Monsieur, dit-il, je vois clair dans toutes vos intrigues. S'il me revient quelque chose un jour, je vous paierai ce que je vous dois et nous serons quittes pour cela. En ce qui concerne vos menaces et vos insolences, si Dieu me prête vie, je vous les ferai rentrer dans la gorge!

Le docteur se prit à ricaner, et voyant que Bertrand coulait de la poudre dans son fusil, il lui appliqua l'un de ses pistolets sur la poitrine.

— Celui-ci est pour toi, dit-il, et celui-là pour ton frère. Ah! ma combinaison n'est-elle pas magnifique! on connait votre haine l'un pour l'autre; chacun dira : Ils se sont tués en duel. Ah! ah! ah! mon projet se réalise mieux que je ne pensais. Plus d'ennemi, plus de complice !

— Oui! fit tout à coup une voix; mais il y aura un témoin.

Le docteur voulut se retourner, et deux mains de fer avaient saisi les siennes et les deux pistolets étaient tombés dans la neige.

Bertrand s'empressa de les ramasser.

— Mathieu! mon bon Mathieu! s'écria le Baraquer en s'élançant vers le vieillard.

Et une larme s'échappant de ses yeux roula sur ses joues pâles.

— Mathieu! répéta-t-il, vous nous sauvez la vie. Vous faites plus : vous empêchez un double crime!

— Dieu m'a conduit, mon cher enfant, fit le patriarche, c'est à nous maintenant à parler en maîtres.

— Lâchez-moi, fit le docteur d'une voix altérée.

— Bah! répondit le paysan, pour la première fois que nous nous voyons depuis si longtemps, vous ne me permettez pas seulement de vous serrer la main...

Jacques avait chargé son fusil.

— C'est bien, monsieur Mathieu, dit-il, lâchez-le, s'il bouge, je le tue comme un chien.

Et s'adressant à son frère, il ajouta :

— Auparavant, François, laisse-moi t'embrasser, — tu es non-seulement indulgent et bon, mais encore tu es un brave!

Les deux frères se jetèrent dans les bras l'un de l'autre.

— Heureux paysan! fit le docteur, en retrouvant son ricanement diabolique qu'il avait un instant perdu! Heureux agriculteur; c'est vous qui êtes le *Deus ex machinâ*! Soyez content, voilà un beau dénouement, c'est tout à fait pastoral! genre Némorin... Bravo, je trouve la comédie superbe.

— Prenez garde qu'elle ne dégénère en drame, dit Jacques Bertrand.

— Sapristi! — reprit le vieillard, — comment se fait-il, monsieur le médecin, que vous jouiez du pistolet pour assassiner le monde, vous qui avez si beau jeu avec vos médicaments !

M. Brochet se mit à siffler un air de chasse.

— Allons, mon ami, dit le Baraquer, cessons toute plaisanterie, à quoi vous résolvez-vous ?

— J'ai encore quelques mots à confier au docteur.

Et se tournant vers lui :

— Mon bon monsieur, j'héberge en ce moment un coquin de vos amis qui aurait bien voulu me voler une caisse contenant divers papiers, actes, etc. Ce drôle se nomme Roch, si vous voulez lui faire une petite visite vous n'avez qu'à me suivre.

— C'est bien, murmura le docteur, que voulez-vous de moi ?

Le Baraquer s'interposa :

— Allez, monsieur, lui dit-il, vous êtes libre, ce n'est pas moi qui vous inquiéterai. — Seulement, ayez le bon esprit de retirer le testament, autrement on ne sait ce qui peut arriver.

Le docteur se mit à rire d'un rire strident, sec, funèbre, comme celui de Méphistophélès; tandis que Bertrand et Mathieu lui-même regardaient le Baraquer avec étonnement.

Le premier moment de stupeur passé, le père Mathieu pressa la main du jeune homme et s'écria, dans un élan d'orgueil bien légitime :

— François, vous valez encore mieux que moi !...

— Je suis votre disciple, dit le Baraquer en pressant les deux mains du patriarche; ô mon maître êtes-vous content?

— Oui, mon fils, répondit le vieillard; mais qui sait ce qui arrivera ?... Peut-être cette générosité... Enfin vous avez eu raison, partons maintenant. Venez, Jacques! j'ai bien des choses à vous dire.

Le docteur resta seul adossé contre un sapin. — Pendant que les trois hommes s'éloignaient, sa figure prit une expression de profond désespoir.

XV

Le récit du patriarche.

Les deux frères et le patriarche soupèrent à l'auberge de Brazin.

Au dessert, c'est-à-dire lorsque la vieille hôtesse eut placé sur la table une poignée de noix sèches, et un morceau de fromage de Gruyère, Jacques Bertrand raconta à son frère comment le docteur avait dénoncé l'enlèvement de l'enfant au procureur du roi.

— Voici qui est d'une audace inouïe, fit le père Mathieu en souriant ; mais, avec l'aide de Dieu, cela aurait tourné à sa confusion, attendu que l'enfant est chez sa mère.

Les deux frères se regardèrent avec stupéfaction.

— Je vais vous raconter la chose, reprit le patriarche. En vous quittant, hier, je me suis rendu immédiatement à Freysolles. D'abord, je me suis assuré que le vieux brigand de Roch n'avait pas profité de mon absence pour déménager, car ses blessures étaient peu dangereuses : quelques contusions, quelques meurtrissures et voilà tout.

« J'ai trouvé le susdit coquin fumant gravement sa pipe dans le jardin, et ne songeant nullement à s'en aller.

« — Tiens ! lui dis-je, vous ne vous êtes pas sauvé ?

« — Bah ! me répondit-il avec cette impudence insouciante qui forme le fond de son caractère. Et pourquoi donc ? je suis très-bien ici.

« — Il y a autre chose.

« — Certainement ! si j'avais de l'argent je ne serais pas resté là à m'ennuyer comme une vieille besace accrochée à un mur. Mais, dans ma chute, mes honorables collègues m'ont dévalisé. Je n'ai plus un sou.

« Le docteur avait donné trois mille francs à ce bandit. C'était un à-compte, celui-ci les avait partagés avec ses complices, en conservant naturellement la plus grosse part.

« Comme j'allais sortir, il me rappela :

« — Écoutez, me dit-il, si vous voulez que je fasse des révélations complètes, comme on dit au tribunal, il me faut une bouteille d'eau-de-vie, avec cela on me fait dire tout ce que je sais et encore plus... »

Je ne pus m'empêcher de rire en pensant à la naïveté de nos pères qui appliquaient aux accusés la question de l'eau, tandis qu'ils auraient pu, avec une très-petite quantité d'alcool, obtenir gaîment des aveux...

Je m'empressai donc de mettre contenant et contenu à la disposition de mon hôte qui me narra en détail tout ce qu'il savait relativement à M. Brochet.

Ce n'était pas la première fois que le docteur avait eu recours à son ministère ; aussi, c'est un peu grâce aux paroles du bonhomme Roch, que je me suis hâté d'aller vous rejoindre. Et vous voyez que je n'ai pas eu tort...

— En effet, murmura le Baraquer avec un regard profond de remercîment.

— Mais, continua le vieillard, si M. Brochet avait pris ses précautions, j'avais aussi pris les miennes. Vous allez en juger.

Et le père Mathieu tira de la poche de sa veste un long pistolet chargé jusqu'à la gueule.

— Voilà, dit-il, ce qui m'assurait une victoire facile. Je ne m'en serais, je l'avoue, servi qu'à la dernière extrémité, mais avec des gens comme ce médecin, il ne faut rien négliger. J'en sais de belles sur son compte, allez !...

Il se retourna vers Jacques Bertrand.

— Pour ce qui vous regarde, dit-il, le docteur vous avait préparé quelque chose de drôle.

— Quoi donc ? fit le prévôt d'armes.

— Vous avez connu à Besançon une certaine demoiselle ou dame, très comme il faut...

— Mademoiselle Désarbes, ou Désormeaux ?...

— C'est quelque chose comme cela.

— Eh bien ?

— Eh bien ! le docteur voulait vous la faire épouser. Et savez-vous ce que c'est que cette femme ?

— Non !

— C'est l'ancienne maîtresse de tout le monde, du public et du docteur. C'est une créature adroite, rusée, profondément corrompue, qui, après s'être jouée de Dieu et des hommes, après avoir été condamnée deux fois pour escroquerie et pour détournement de mineurs, a voulu faire une fin en se mariant avec un futur millionnaire...

— Ah ! canaille de docteur, s'écria Jacques Bertrand, j'ai envie de retourner à la ferme et de...

— Bah ! reprit le vieillard, laissez l'ours dans sa tanière. Je suis persuadé qu'après cette aventure, il n'osera plus en bouger... Je continue.

« En sortant de chez moi, j'allai chez le cousin Galoppot. Il y avait longtemps que je ne l'avais aperçu de jour qu'à une certaine distance ; le dimanche au lutrin, par exemple, — sa figure me frappa. Son profil ressemblait habituellement au tranchant d'une serpe. Maintenant c'est une véritable lame de canif.

« On ne voit plus qu'une peau jaunâtre maladroitement collée sur des petits os pointus et toujours en mouvement. Ses lèvres pendent. Il n'a plus de dents, ou, s'il en a encore, elles sont cachées dans le fond de la bouche. Ses yeux sont rouges comme s'il avait épluché des oignons toute sa vie. Lui qui se faisait raser deux fois par semaine, il a laissé pousser une grande barbe sale pareille à celle du blé de Turquie.

« Vous ne sauriez croire, en un mot, comme toutes ces affaires-là ont changé, et c'est à peine si ceux qui l'ont vu il y a deux ans peuvent le reconnaître.

« Il était en ce moment occupé à faire des modèles d'écriture pour ses élèves ; mais sa main tremblait tellement que je doute fort de la beauté de ses jambages, de ses pleins et de ses déliés. Après tout, je ne m'y connais pas...

« Quand il m'entendit marcher dans sa cuisine, il leva doucement la tête, sans toutefois la retourner de mon côté.

« Je lui mis la main sur l'épaule. Il tressaillit.

« — Ah ! c'est vous, mon cher cousin, me dit-il ; donnez-vous la peine de vous asseoir. C'est drôle comme ma vue s'affaiblit ? Je ne vous voyais pas ! mille excuses ! »

« Le chagrin avait tellement broyé cet homme que, pendant tout le temps que dura la conversation que je vais vous rapporter, il ne fit pas un *asse* ni un *usse*. La douleur lui a fait oublier sa grammaire...

« — Oui, c'est moi, mon cher Galoppot, moi que vous négligez surtout en ce moment-ci où vous devez avoir besoin des consolations d'un ami...

« — Pardon, mon cousin, de ne pas être allé chez vous, mais que voulez-vous ? tout le monde me jette la pierre. On dit : Ah ! Galoppot a voulu être ambitieux ; tant mieux ; ce qui lui arrive, il ne l'a pas volé !...

« — Ceux qui disent cela sont de mauvais cœurs ! Ils vous verraient tomber du ciel une bourse de cent louis qu'ils se mordraient les doigts ; ces gens-là ne savent rire que du malheur...

« — C'est bien vrai ! Encore s'ils ne s'adressaient qu'à moi ! Mais figurez-vous que d'après les dires de ce Bertrand qui s'est moqué de moi, ils font courir toutes sortes de bruits sur le compte de ma fille...

« — Et quels bruits peuvent-ils faire courir ?

« — Ils disent... est-ce que je sais... des bêtises, quoi !...

« — Mais enfin ?...

« — Ils prétendent que Julie est enceinte. »

Jacques Bertrand interrompit le vieillard.

— Comment, dit-il, il ne le savait pas ?

— Non !... Je lui répondis : « Mon cher, il faut laisser bavarder le monde. Plus on cherche à étouffer un bruit, plus ce bruit devient intense. Vous connaissez l'allégorie antique. Les joncs criaient : *Le roi Midas a des oreilles d'âne !*

Galoppot secoua lugubrement la tête.

Je repris :

« — Supposons un instant que Julie ait fait une faute !

« — Oh ! non ! je ne veux pas supposer cela...

« — Vous n'êtes donc plus ni religieux ni philosophe. La philosophie apprend à supporter stoïquement toutes les adversités ; la religion pardonne à toutes les pécheresses, sur la foi de Jésus-Christ qui fit descendre le pardon sur le front de Magdeleine et sur celui de la femme adultère...

« — Voyez, mon cousin, il y a, à Freysolles, deux filles qui ne se sont pas bien conduites. Aujourd'hui elles se sont amendées... Je les estime autant que les autres. Mais je sens bien que si Julie en faisait autant je ne lui pardonnerais jamais...

« — C'est de l'égoïsme, cela, mon cousin. Si Julie avait fait une faute, qui donc la lui pardonnerait, si son père, c'est-à-dire celui qui doit l'aimer par-dessus tout, la soutenir dans ses défaillances, la relever après sa chute, donnait lui-même le signal du mépris et lui enlevait la ressource du repentir !...

« — Hélas ! je me perds dans toutes ces questions !... Je suis plus faible qu'un enfant, plus flottant qu'un roseau ! Je ne sais pas pourquoi je dis cela... Certes je pardonnerais, mais j'aurais au fond du cœur un serpent qui me rongerait nuit et jour. Je ne pourrais rester dans ce pays-ci... Dequel droit irais-je donner aux petits enfants des leçons de morale, moi qui aurais laissé perdre ma fille :... Oserais-je punir dans ma classe ? On me jetterait à la figure mon déshonneur ; car les enfants n'ont pas de pitié. Oh ! non , mon cousin !... écartez cette supposition ! Non !... plutôt la mort qu'un pareil déshonneur !..

« Cette douleur profonde me touchait. — Par quel prodige de tendresse maternelle et conjugale, madame Galoppot était-elle parvenue à dissimuler aux yeux de son mari les suites de la grossesse de sa fille ? C'est ce que je ne sais pas...

« En fait, Galoppot ne se doutait de rien.

« Ce qui causait sa douleur, c'étaient les paroles que vous aviez prononcées, Jacques ; c'était la rupture d'un mariage ardemment désiré, — c'était... que vous dirais-je ?... Le maître d'école avait bâti sur ce mariage mille châteaux en Espagne. Il ne rêvait que cela. C'était sa joie, son bonheur, sa passion !...

« Et voilà que tout s'était écroulé au bruit des sifflets et des sarcasmes. Voilà que la réalité affreuse remplaçait le songe d'or...

« Jacques Bertrand, vous avez mal fait.

« Vous avez ruiné deux existences, peut-être trois, peut-être quatre. Vous avez plongé toute une famille dans les larmes et dans la honte...

« C'est que, voyez-vous, l'honneur d'une fille n'est pas ce que l'on pense dans les régiments où l'on n'a foi qu'en son drapeau... Ce n'est point une bagatelle, un hochet que l'on brise après l'avoir servi, un plaisir d'une heure, dont on se dégoûte l'heure suivante...

« Non !... mille fois non !...

« C'est la gloire et la joie du foyer, c'est le sourire de la mère et l'orgueil du père, c'est la dot de celle qui n'en a pas... c'est le drapeau de la famille ! Où l'honneur n'est pas, il n'y a rien ! — Séduire une fille, c'est voler ; c'est plus que voler, c'est assassiner...

« Repentez-vous, Jacques !... »

Le prévôt d'armes, la tête dans ses mains, ne répondit pas, — un long soupir s'échappait de sa poitrine à intervalles réguliers. La sainte voix du vieux laboureur avait fait remonter les bons sentiments à la surface de cette âme que les fanges du vice avaient obstruée jusqu'à ce moment.

Le vieillard continua :

— Il y eut entre nous un instant de silence. Des larmes longtemps comprimées coulaient sur les joues du pauvre maître d'école...

Je repris :

« — Ce que vous venez de me dire ne peut arriver que dans le cas où tout le monde connaîtrait la faute de Julie, — mais si l'on devait se borner à des conjectures ?... si le secret était religieusement gardé jusqu'au jour d'une éclatante réparation, que diriez-vous ?

« — Ah ! s'il en était ainsi ? s'il y avait espoir d'une réparation ? si l'enfant qui viendrait ne devait pas être bâtard !... »

« Un sourire pâle illumina comme un reflet le visage de Galoppot.

« J'étais résolu à frapper le grand coup :

« — Eh bien ! mon cousin, lui dis-je, consolez-vous, Julie sera mariée avant un mois.

« Galoppot se leva d'un bond.

« — Diriez-vous vrai, mon cousin ? s'écria-t-il.

« — Je n'ai jamais menti ! L'enfant qu'elle a mis au monde aura un père !...

« Il retomba comme anéanti. Mais les larmes qui coulaient plus abondantes sur son visage le soulagèrent. Il me tendit la main sans me regarder.

« — Oh ! mon cousin... balbutia-t-il !.. c'était donc la vérité... oh ! Julie !... où sont les principes que je t'ai donnés ?... Merci... mon cousin... merci !...

« — Voyons ! que diable ! ne soyez pas abattu comme une femme ! Dans ce monde il faut du courage, et le bon Dieu n'abandonne jamais les siens... quand vous vous laisseriez périr de douleur, ça ne vous avancerait à rien...

« — Elle sera mariée dans un mois, dites-vous !.. Oh ! répétez-moi cela, mon cousin !

« — Je vous le répète, que désirez-vous de plus ?..

« — Rien !.. rien !.. mais Julie m'a tout de même bien trompé... Elle !.. un enfant !...

« — Eh oui ! un gros garçon encore !.. qui se porte comme un charmé et qui ne demande pas mieux que de grandir et de bien aimer son grand-père...

« — Oh ! je comprends !.. toutes ces absences !... je ne la voyais presque plus, mais je voyais bien que ça allait mal !.. ma femme savait ce qui en était !.. elle ne me disait rien !.. mais, elle qui est si bavarde habituellement, son silence m'étonnait... — Où est-elle donc maintenant !..

« — Qui ?

« — Julie !..

« — Elle est dans ma maison. Elle attend le résultat de mon entretien avec vous. Elle viendra si vous voulez lui parler...

« — Je ne sais ; mais amenez-la tout de même ! »

« Comme je sortais, Galoppot me rappela :

« — Au moins, vous ne m'avez pas abusé ? me cria-t-il.

« Je pris un air courroucé :

« — Je ne répète jamais, lui dis-je, une assurance que j'ai déjà donnée une fois. »

« Et j'allai chercher Julie.

« La pauvre fille était plus morte que vive, elle vint à moi et me sauta au cou :

« — Qu'est-ce qu'il vous a dit ? me demanda-t-elle.

« — J'ai à peu près réussi, lui répondis-je. Vous en serez probablement quitte pour une semonce... venez avec moi.

« — O mon Dieu ! me disait-elle en chemin, je sens que

mes jambes ne veulent plus me porter ! Je donnerais vingt ans de ma vie pour être arrivée à ce soir... soutenez-moi, père Mathieu, j'ai peur de me trouver mal...

« Je ne vous dirai rien de la scène qui eut lieu chez le maître d'école. Il faudrait y avoir assisté.

« Julie n'osait se jeter dans les bras de son père, et son père ne voulait pas faire le premier pas...

« Je me chargeai de les conduire l'un vers l'autre.

« Ils mêlèrent leurs larmes et leurs sanglots ; puis Julie s'agenouilla et se releva pardonnée.

« — Maintenant, dis-je à l'instituteur, il faut préparer pour Julie la chambre de Jacques. — Elle s'établira là avec son enfant ; elle l'allaitera, elle ne sortira point ; personne ne pourra se douter de sa faute. »

« Julie se défendit :

« — Non ! dit-elle. Je ne mettrai pas le pied dans cette chambre : je serai plus près de mon père dans la mienne. Je tiens à y rester. Me le permettez-vous, mon père ?..

« — Fais comme tu voudras, dit l'instituteur. »

« Il me prit par le bras, après s'être lavé les yeux, et nous sortîmes ensemble.

« — On ne voit pas que j'ai pleuré ? me demanda-t-il.

« — Non ! lui répondis-je. »

Il vint souper à la maison.

A la nuit, Julie, chargée de son enfant que François avait mis en nourrice, vint s'installer dans la petite chambre que vous connaissez tous deux...

Le vieillard se tut.

Jacques Bertrand se leva :

— Vous m'avez bien jugé, dit-il au vieux paysan. Avant un mois, je serai le mari de Julie.

— Je ne sais, fit le vieillard, avec un sourire triste. Mais enfin tout cela s'arrangera... Il faut attendre le retour de la voiture de Besançon, et repartir pour Freysolles. Dans tous les cas, Jacques, c'est votre repentir qui en refaisant de vous un honnête homme vous rouvrira le cœur de votre frère et le mien. Vos fautes sont grandes ; mais les pleurs que vous verserez dans l'ombre les laveront.

Ils quittèrent la table.

Avant de sortir de l'auberge, François glissa un rouleau de pièces d'or dans la main de son frère.

— Je ne te demanderai pas un crime ou une bassesse pour l'intérêt de ceux-ci, lui dit-il.

XVI

A propos du testament.

Les trois hommes arrivèrent le lendemain dans la ville où devait se dénouer le procès relatif au testament.

Par un sentiment de pudeur que l'on comprend, le Baraquer ne voulut point se mêler de cette affaire. — Il délégua, pour le représenter, le père Mathieu qui n'était pas intéressé personnellement dans la question.

Il se rendit d'abord chez l'avoué constitué par le docteur Brochet. — Jacques Bertrand l'accompagnait.

Ils trouvèrent chez l'avoué M. Verlux qui discutait un point de droit avec sa volubilité habituelle.

Mais, à la vue du prévôt d'armes, l'homme d'affaires ne sachant que penser de ce voyage dont il n'était pas prévenu, et surtout de l'air sombre de son ancien client, balbutia quelques paroles incohérentes, perdit tout à fait le fil de son argumentation et finit par se taire.

Jacques s'avança vers lui :

— Monsieur, lui dit-il, le docteur Brochet vous a sans doute remis ma procuration...

— Oui, monsieur, répondit M. Verlux.

— Alors, je vous serais reconnaissant de me la rendre.

L'homme d'affaires regarda Jacques Bertrand d'un air profondément bouleversé ; mais reprenant bientôt son aplomb ordinaire :

— Avez-vous, dit-il, une lettre de M. Brochet, ou plutôt un acte par lequel ledit M. Brochet consent à ce que je vous rende ce document ?

— Mais, monsieur, il me semble que mes intérêts sont parfaitement distincts de ceux de M. Brochet et que vous ne pouvez agir malgré moi.

— Mille pardons !.., la procuration étant collective, et par acte public, vous ne pouvez me la retirer que par acte également public et du consentement de M. Brochet. Lisez à cet égard les articles 1984 à 2010 du code civil, et vous serez convaincu que je suis dans mon droit.

— Je ne connais absolument rien à votre grimoire. En tout cas je me passerai bien de votre morceau de papier.

Il se tourna vers l'avoué.

— Veuillez, monsieur, ajouta-t-il, inscrire cette déclaration. Je renonce complètement au bénéfice du testament fait en ma faveur ; d'un autre côté, je le considère comme faux dans son entier...

— Ah ! monsieur, fit l'avoué, ce que vous dites-là est excessivement grave. — C'est une question de travaux forcés, savez-vous, car on pourrait poser en principe que la falsification de ce testament est un faux en écriture publique.

— Ce que j'ai dit est vrai ; et M. Verlux qui a déposé ce testament olographe sait peut-être à quoi s'en tenir à cet égard.

— Oh ! monsieur ! vous vous abusez étrangement. Si j'avais su qu'il y eût quelque chose de louche dans cette affaire, je ne m'en serais pas chargé. Ma réputation est au-dessus de toutes les insinuations perfides. Il y a trente ans que j'exerce mon ministère, qu'on pourrait appeler un sacerdoce, et jamais je n'ai prêté mes lumières à des hommes capables de... Mais je m'entends ! Du reste, monsieur, je tiens peu à cette affaire.

« Je vais vous en donner la preuve. Veuillez m'attendre ici. Je cours chercher votre procuration...

M. Verlux descendit rapidement l'escalier de l'étude. On l'entendit encore pendant deux ou trois secondes pérorer tout seul dans la rue, puis sa voix s'éteignit.

Le père Mathieu s'était penché à la fenêtre.

Tout à coup il rentra brusquement.

— Bon Dieu ! regardez donc.

Jacques se pencha à son tour à la fenêtre.

Une foule de gamins et d'oisifs s'étaient attroupés. Ils suivaient en riant et en vociférant deux gendarmes qui conduisaient un homme chez le procureur du roi.

— Sacrebleu, fit le soldat, de cette belle voix de basse-taille qui plaisait tant à M. Grisey, c'est mon frère qu'ils emmènent !.. Est-ce qu'ils le conduisent en prison ? Ah ! je comprends tout. Ce Verlux l'aura dénoncé. Suivez-moi, père Mathieu.

En deux bonds il fut dans la rue.

Le vieillard le suivit.

Ils allèrent droit aux gendarmes,

— Où le conduisez-vous ? demanda Jacques Bertrand.

— Ça ne vous regarde pas, répondit un des agents de la force publique, dont le bras orné d'un galon d'argent indiquait le grade.

— Pardon, brigadier, répondit Jacques Bertrand, cela me regarde d'autant plus que cet homme est mon frère.

— Ne répliquez pas, monsieur, reprit le gendarme, ou je verbalise ; apprenez que je représente la loi.

Jacques Bertrand ne put s'empêcher de sourire.
— Voilà une loi bien représentée, dit-il.
— Gendarme, fit le brigadier, arrêtez-moi cet homme là ! il m'invective dans l'exercice de mes fonctions.
— C'est bien ! il est inutile que vous m'arrêtiez. Je vous suis.
— Nous allons chez le procureur du roi, fit le Baraquer en riant. Venez avec nous.

Mathieu et Bertrand se joignirent au cortége.

Et les gamins disaient :
— Tiens ! ces deux-là, ce vieux-là et puis l'autre, c'est les brigands qui vont avec leur chef. Le jeune surtout, qué drôle de *tronche* !.. A-t-il l'air d'un gueusard !..
— J'aime mieux la tête du gendarme, disait un autre. Hein ! c'te boule de quille !.. Il a les yeux bêtes comme tout et il pose pour le torse !..
— Et puis le brigadier !.. oh c'te balle !.. il a des joues comme des talons de bottes, son chapeau a fait la guerre de Russie ! Il est roide sur sa tête comme s'il était encore gelé !

Le brigadier objet de ces commentaires peu gracieux, se retournait de temps en temps, lançant aux espiègles des coups d'œil pleins de colère furibonde.

C'est au milieu d'un feu croisé de pareils propos qu'on arriva chez le procureur du roi *en son parquet*.

L'important magistrat était un petit homme, chétif, sec comme une allumette et prenant feu aussitôt qu'elle.

— Approchez, inculpé, dit-il ; on vous accuse d'une chose grave. Vous auriez enlevé un enfant ?
— Oui, monsieur, répondit le Baraquer.
— Greffier, consignez cet aveu. Et dans quel but enleviez-vous cet enfant ?
— L'accoucheur voulait lui donner la mort.
— Dites-moi le nom de cet accoucheur.
— Le docteur Brochet.

Le procureur se gratta le front.
— Diable ! diable ! fit-il. Un homme influent ! avez-vous des preuves de ce que vous avancez ?
— Oui, monsieur, voici le père de l'enfant, qu'il me démente !

Jacques Bertrand s'avança.
— Mon frère a dit la vérité, — murmura-t-il.
— Monsieur est votre frère ?
— Oui.
— Vous êtes monsieur Jacques de Champcarré ?
— En personne.
— Ah ! pardon ! veuillez vous asseoir, monsieur ; et l'affaire du testament, comment va-t-elle ?
— Voilà le légataire universel.

Et Jacques désignait Coco.

— Ah ! monsieur, je vous en fais mon compliment. Veuillez vous asseoir. Gendarmes, qu'est-ce que vous faites-là. Retirez-vous s'il vous plaît. Au moins avez-vous conduit monsieur avec le respect qui lui est dû ?

Le brigadier balbutia et se retira, après avoir salué profondément le procureur, le greffier, l'inculpé, Jacques Bertrand et même le père Mathieu.

Le patriarche, n'osant se livrer à d'autres démonstrations, jeta un regard mélancolique sur un grand Christ d'ivoire pendu à l'une des parois de la salle.

Le procureur reprit :
— En ce qui concerne cet enfant, qu'est-il devenu ?
— Il est chez sa mère.
— Comment se fait-il donc que l'on vous ait accusé d'un pareil délit ? C'est singulier ! votre frère me dit qu'il est père de cet enfant et c'est précisément au nom du père, un certain Jacques Bertrand, que cette plainte a été déposée.

Le prévôt d'armes s'interposa de nouveau.
— Nous sommes tous deux enfants illégitimes, dit-il ; et notre père ne nous ayant pas permis de porter son nom, j'ai pris celui de ma mère, c'est moi qui me nomme Jacques Bertrand.

Le magistrat rougit.
— Ah ! pardon ! Et comment se fait-il ?
— J'avais donné ma procuration au docteur Brochet, il en a abusé !...
— Votre procuration ?...
— Oui ! pour nos intérêts communs, dans le testament de mon père ou plutôt dans un faux testament ; car le testament mystique est le seul vrai ; l'autre a été fabriqué par le docteur Brochet...

Le procureur se mit à trépigner sur son fauteuil.
— Voilà, dit-il, de singulières complications. Il est étonnant que je n'aie pas apprécié plus tôt ce médecin ! Il me semblait bien d'ailleurs qu'il devait s'occuper de ténébreuses intrigues. Enfin, nous éclaircirons tout cela. Savez-vous où se trouve maintenant le sieur Brochet ?...
— A la ferme de Brazin, répondit Jacques Bertrand.
— Très-bien ! Greffier, préparez un mandat d'amener que je signerai ce soir... Vous ferez ensuite partir immédiatement la gendarmerie pour Brazin...

Le magistrat se leva.
— Ces messieurs me feront-ils l'honneur de dîner avec moi ?-dit-il.
— Nous dînerons avec notre bon ami M. Mathieu, de Freysolles, répondit le Baraquer. Et cet ami le voilà.

Le magistrat salua le paysan :
— Vous ne serez pas de trop à notre table, vénérable vieillard, dit-il. Et vous me ferez un véritable plaisir en acceptant.
— Ah ! fit le malicieux paysan, un pauvre homme comme moi ! cela vous ferait honte...

Coco coupa la parole au père Mathieu.
— J'accepte pour lui, monsieur le procureur du roi, dit-il.
— Ah ! merci, mon cher monsieur de Champcarré, merci !... mais je vous dois une réparation. Les gendarmes vous ont conduit dans les rues. Nous allons faire le tour de la ville ensemble, puis je vous accompagnerai au tribunal où se débat votre affaire... Je ne siége pas aujourd'hui.

Ils sortirent, le vieillard donnant le bras à Jacques Bertrand, et le Baraquer donnant le bras au procureur du roi...

La foule était toujours rassemblée devant le parquet, attendant le retour du prisonnier.

— Les voilà ! s'écria-t-on.

Mais le désappointement fut grand lorsqu'on aperçut le Baraquer causant familièrement avec le magistrat.

Et les gamins, ces critériums vivants des opinions de la foule, disaient :
— Tiens ! c'est drôle ! il me semblait bien que cet individu-là n'avait pas l'air canaille...
— Le vieux a l'air très-respectable.
— Mais comment se fait-il que la gendarmerie ait emmené celui-là tout à l'heure ?...
— Bah ! dans le grand monde on n'y regarde pas de si près. Il ne voulait peut-être pas aller dîner avec le procureur, et il l'a fait prendre par ses lanciers...
— Ah ! les lanciers du procureur !... c'est très-joli !... Je connais un gendarme, tu sais, celui qui a le nez si cu-

lotté, eh bien! je ne veux plus l'appeler que le lancier du procureur du roi.

Et les attroupements se dissipèrent.

Après cette promenade triomphale, on entra dans la salle du tribunal.

Le président parlait.

— Il n'y a plus de doute, disait-il, sur l'authenticité du testament mystique. — Je vais donner lecture d'une lettre que je viens de recevoir du docteur Brochet, le fabricateur du second testament.

Il déploya une feuille de papier couverte d'une petite écriture qui paraissait avoir été tracée par une main tremblante.

Et il lut :

« — Monsieur le Président,

« Je suis arrivé au bout d'une carrière assez longue et trop remplie.

« Une main que je ne vois pas s'appesantit sur moi dans l'ombre. — Appelez-la la main de la Providence, main du sort, de tout ce que vous voudrez, peu importe. On ne dispute pas un axiome. Je sens cette main et voilà tout...

« Elle me pousse lentement, sûrement vers l'abîme, vers la dissolution de mon être, vers le néant.

« A cette heure suprême, je ne me repens que d'une chose, c'est de n'avoir pas réussi dans les projets qui ont fait l'occupation et le malheur de ma vie.

« Même à cette heure où tout se dévoile parfois, les grands mots qui expriment l'idée religieuse, morale ou civilisatrice, me paraissent plus que jamais vides de sens.

« Mon culte à moi, c'est la satisfaction des appétits. Que ces appétits soient nobles ou vils je ne m'en inquiète pas, — je les suis.

« Ils me font défaut aujourd'hui.

« Je n'ai plus que l'appétit de la mort, appétit farouche, inexorable, qu'on ne peut assouvir qu'une seule fois.

« Avant de me rassasier, je veux jouer une dernière comédie ; et celle-là je la jouerai pour la première fois, c'est celle de la bienveillance.

« J'ai connu dans la vie bien des hommes, j'ai analysé bien des passions, sondé bien des âmes. La médecine n'était pas simplement pour moi une science physique, c'était un sujet de profondes études psychologiques et morales.

« Je regardais plus loin que la plaie, plus loin que le corps, je lisais dans l'âme.

« Eh bien ! je n'ai jamais trouvé ce qu'on est convenu d'appeler vertu sans intérêt, charité sans ostentation, esprit sans fausseté, piété sans hypocrisie.

« Des deux éléments, le mauvais domine.

« J'ai été formé de l'élément mauvais. Pour être conséquent avec mon tempérament, ou plutôt avec ma nature, il faudrait que je jetasse des accusations à la face de tous, accusations qui feraient frémir bien des gens.

« Mais non ! Puisque je veux jouer la comédie, je la joue.

« Que l'on n'inquiète personne à mon sujet ; j'ai été plus méchant, plus criminel que personne.

« C'est moi seul qui ai fabriqué le faux testament déposé par M. Verlux.

« C'est moi seul qui ai voulu, pour mes projets, faire voler par un gueux une caisse placée chez M. Mathieu, à Freysolles.

« C'est moi seul qui ai voulu attenter à la vie d'un enfant dans le même village de Freysolles.

« Sur ce, vous tous à qui on lira cette lettre, vous dont je connaissais les secrets, applaudissez et dites : *Cet excellent docteur !*

« Pendant que j'y suis, j'ajoute une ligne de testament très-olographe et non susceptible de falsification.

« Je donne tout ce que je possède à Jacques Bertrand pour qu'il en fasse le plus mauvais usage possible. Je lègue en outre mon cadavre à l'amphithéâtre de Besançon, à charge par lui de le disséquer convenablement et de ne pas m'élever de statue ; enfin, monsieur le Président, je vous donne ma bénédiction.

« De Brazin, ce... »

La lecture de cette lettre avait désagréablement ému l'auditoire.

« Messieurs, dit le Président, — quand il se présente sur la terre un homme doué comme l'auteur de cette cynique déclaration de principes, une créature de Dieu qui jette jusqu'à son créateur le défi de Julien l'apostat, nous qui repoussons dans l'enfer l'idée du suicide, nous sommes content qu'un tel homme s'arme contre lui-même du pistolet ou du poignard... C'est une consolation pour l'humanité de voir qu'un pareil homme n'a pu vivre avec elle, et c'est un plus terrible exemple que celui que donne la tête d'un criminel en tombant sur l'échafaud...

« Toutefois, comme cette lettre pourrait n'être qu'un leurre, c'est-à-dire écrite dans le but de distraire les poursuites de la justice, nous concluons à ce que M. le Procureur du roi ordonne les démarches nécessaires pour s'assurer, si faire se peut, de la personne du sieur Brochet.

« Quant à l'affaire du testament, elle est jugée. Le nommé François de Champcarré prendra possession des biens de son père, à charge par lui d'acquitter les legs faits par le testateur. »

Après ces paroles dont les premières furent couvertes par les applaudissements, l'audience fut levée et chacun se retira.

XVII

La fin couronne l'œuvre.

Le docteur était rentré dans la ferme.

Pendant toute la nuit qui suivit le départ des deux frères et du paysan, M. Brochet se promena dans sa chambre avec l'agitation de la fièvre.

Il ne savait à quoi se résoudre.

Un monde d'idées fourmillait, roulait, se heurtait dans son esprit, sans qu'il pût s'attacher à l'une d'elles, la dompter, en trouver l'expression.

A travers la vitre glacée, il regardait parfois la campagne blanche pleine de rayonnements de la neige dont les ténèbres du ciel ne pouvaient éteindre complètement l'éclat.

Un vent violent s'était élevé.

Les arbres se balançaient l'un vers l'autre en gémissant. Des lamentations sortaient des vieux antres, des chemins, des maisons, des forêts de sapins.

Des masses de neige arrachées du sommet des montagnes tombaient dans les ravins et les vallées, avec un bruit pareil au galop d'une troupe de chevaux.

Les volets de la ferme grinçaient et claquaient contre les murs. — Il semblait que la maison allait s'écrouler, ou qu'une invisible main poussait le battant des fenêtres pour aller saisir le criminel.

Un moment la tempête effraya le docteur.

Il se jeta dans un fauteuil, les yeux fermés, la main aux oreilles. Mais ainsi isolé des bruits du dehors il assistait à une autre tempête : celle qui grondait dans son âme, avec un tumulte de pensées contraires, avec des éclairs d'intelligence éteints aussitôt qu'allumés, avec ces tourbillonnements de résolutions diverses.

Quand il eut écouté longtemps le retentissement de cet orage intérieur, il se leva tout effaré.

— Oh! j'aime encore mieux l'autre! se dit-il.

Il s'avança tête nue vers la fenêtre, l'ouvrit toute grande et se plaça sur le balcon, l'œil perdu dans les profondeurs de l'horizon, les mains crispées sur la rampe en fer.

Le vent le souffletait, marbrait ses joues, entrait dans sa tête par tous les pores. Des flocons de neige battaient son front comme des ailes de vautour! — L'âpre rafale le gelait jusqu'à la moelle des os, — le fer de la rampe brûlait ses doigts et en enlevait la peau; il ne remuait pas.

Et dans son âme la voix de l'orgueil s'élevait encore.

— O Dieu, disait-elle, ô Dieu, si tu n'es pas un vain mot; si tu existes dans quelque lieu de l'espace, soit derrière ce voile sombre à qui les brouillards enlèvent ses étoiles, soit dans les profondeurs des gouffres qui se lamentent, créateur, regarde ta créature!...

« Tu n'as rien inventé qui puisse l'effrayer. — L'écroulement du monde la trouverait sans crainte, — *impavidum ferient ruinæ!* — Elle sourit dans la force de son âme, quand ta colère embouche la trompette des aquilons!

— Qu'as-tu fait de ton infini, toi qui ne peux vaincre un être tiré du limon? où est ta puissance, ô Tout-Puissant?...

« Tu peux renverser les chênes, jeter les montagnes dans les plaines, faire monter jusqu'aux astres, ces yeux de tes satellites, les flots livides de la mer... Tu peux envoyer la mort sarcler le champ des hommes, tarir les sources de la vie dans le cœur des méchants et des bons, mais ton éternité se brise sur un grain de sable; tu ne peux arracher de ce coin du monde qu'on appelle l'âme, ce brin d'herbe qu'on appelle la pensée!... »

Le vent soufflait toujours, tantôt avec les foudroyantes intonations du tonnerre, tantôt avec des sifflements aigus qui ressemblaient à des ricanements de cyclopes.

Peu à peu les idées du docteur prirent une teinte plus lugubre. — Une mélancolie amère, désespérante, s'empara de lui. Il essaya de secouer ce lourd manteau qui tombait sur son âme; il s'agita, reprit sa promenade monotone, saccadée, puis il essaya de s'endormir.

Le sommeil ne vint pas, ni le calme non plus.

Dès que le docteur fermait les yeux, il était pris de vertige; il voyait devant lui un abîme immense, profond, ténébreux, sourd; au fond de cet abîme peuplé de figures grimaçantes et terribles, un doigt lui faisait signe de venir; et sa tête s'abaissait de plus en plus vers ce gouffre.

Alors il se redressait en sursaut.

Mais les mêmes visions le poursuivaient; seulement ce n'était plus le même abîme. — Celui-ci, c'était l'idée du néant qui germait dans son esprit.

Vers le matin, l'ouragan cessa au dehors. — Le vent tomba. — Mais la paix ne revint pas dans l'âme du docteur.

Ses luttes, ses cauchemars, ses rêves, ses méditations de la nuit, l'avaient conduit progressivement à l'idée du suicide.

Une fois cette idée entrée dans son cerveau, elle s'y ancra; elle en chassa toutes les autres pensées. — Sous l'empire de cette monomanie fatale, il se mit à son bureau et écrivit la lettre que nos lecteurs connaissent.

Puis il sonna sa servante.

— Que l'on porte immédiatement ceci à son adresse, dit-il. Il y a des chevaux à Brazin; il faut qu'elle arrive à destination ce matin même. C'est une affaire de deux heures...

Pendant le reste de la journée, le docteur mit ses affaires en ordre; ensuite il prit son fusil et s'en alla dans la campagne après avoir donné à sa servante toutes les clefs de ses meubles.

Il se dirigea vers la sapinière.

Arrivé auprès du tronc d'arbre qui avait servi de siége la veille à Jacques Bertrand, il se mit à réfléchir de nouveau. Plus il approchait de l'instant fatal, plus il sentait sa résolution chanceler.

— Serais-je lâche? se dit-il. Comment! je n'ose pas placer sur mon front le canon de ce fusil...

Il approcha le tube de sa chair, mais l'impression de froid qu'il ressentit lui fit éloigner vivement l'arme.

— Allons, continua-t-il, les philosophes sont des imbéciles. Ils prétendent qu'il y a lâcheté à se suicider, ils ont tort, car la mort est le plus grand malheur, le seul vrai, le seul réel, le seul irrémédiable.

« On sort de prison, on échappe à la misère. — La guerre, la peste, les révolutions des hommes et les révolutions de la nature font bien des victimes; mais on survit, c'est l'essentiel; tandis qu'on ne sort pas de la tombe.

Le docteur posa son fusil contre un arbre.

— Cependant, reprit-il, voir ses projets avortés, son ambition échouer contre un infranchissable écueil, sa vie s'emplir d'amertume comme une coupe de vin qui s'aigrit, n'être plus qu'un objet de mépris et de haine, traîner en tout temps derrière soi, comme un boulet, la malédiction de la foule! Oh! n'est-ce pas plus terrible que la mort? Quand on est mort, on repose. *Beati mortui*, disait Luther, *quia quiescunt!* Rien ne vient vous déranger quand vous dormez sur une couche de terre; la tombe, c'est l'oubli, c'est le bonheur.

Il saisit de nouveau son fusil, fit jouer la batterie, s'assura que la capsule était bien d'aplomb sur la cheminée.

— Allons! dit-il, il faut en finir!

Il approcha le canon de sa bouche.

Le soleil longtemps caché se dégageait de son enveloppe de brouillard. — Un rayon tomba sur le front du misérable.

Le fusil s'échappa de ses mains.

— Oh! pourtant, se dit-il, le soleil est bien beau. Quand l'hiver sera passé, le bon air que je respirerais ici! Comme tout est heureux de vivre, même l'insecte, même le mollusque, même l'atome!

Il se leva brusquement, ramassa son fusil, le jeta brusquement sous son bras et retourna à grands pas vers la ferme.

— Déjà! fit la servante en le voyant arriver.

Le docteur ne répondit rien. Il monta dans sa chambre. Sa domestique l'avait suivi.

— Monsieur, lui dit-elle, vous paraissez souffrant. Depuis quelques jours vous n'êtes plus le même. Vous ne buvez ni me mangez...

— Femme, je suis médecin, par conséquent personne ne sait mieux que moi les soins qui me sont nécessaires.

— Cependant, monsieur, cela me fait de la peine de vous voir comme cela, surtout en ce moment-ci...

— Pourquoi en ce moment-ci plutôt que dans un autre?

— C'est que... vous ne vous rappelez donc pas? C'est demain l'anniversaire de votre naissance. A Besançon nous avions l'habitude de célébrer cet anniversaire comme une fête...

Le docteur poussa un profond soupir.

— J'ai pensé, continua la cuisinière, que ce serait la même chose cette année. Aussi je vous ai apprêté un souper... aux petits oignons... c'est à se lécher les *babouines* après.

Ce rapprochement de dates fit frémir M. Brochet.

— C'est vrai, dit-il, j'aurais demain quarante-deux ans, hélas!

— Pardienne, monsieur, moi j'en aurai bien cinquante-cinq à la Saint-Jean d'été et je ne me plains pas pour cela. Je suis encore solide au poste ; et je ne me changerais pas avec une autre. Seulement, ce qui me fait de la peine c'est que vous dépérissez à vue d'œil.

— Tu l'as remarqué, Nanette?

— C'est pas malin. Vous n'avez plus de mine du tout. Vous vous tuez à lire continuellement dans d'affreux gros livres dont je ne pourrais pas déchiffrer un feuillet dans dix ans...

— La science, vois-tu!...

— La science, je m'en fiche pas mal! La santé avant tout. La vraie science, c'est de vivre bien et longtemps, et je parierais toutes mes casseroles contre un bonnet de coton que vous mourrez avant moi qui ne sais rien du tout. Ah! si vous vouliez m'écouter un peu!...

— Eh bien!

— Je vous donnerais un bon remède ou plutôt deux bons remèdes contre la maladie qui vous ronge!... quoique je ne sois pas *médecine*, je m'y connais tout de même aussi bien que le premier venu.

— Voyons les remèdes?

— D'abord, vous vous ennuyez tout seul. A votre place, moi, je me marierais.

Le docteur se mit à rire.

— Ensuite? dit-il.

— Ah! ensuite, je mangerais comme deux et je boirais comme quatre. Quand on a bien mangé et bien bu, les soucis s'en vont ; je le sais par expérience ; on voit tout en rose et le diable ne serait pas votre maître. Puis à la longue on reprend des couleurs, on se porte comme père et mère ; et vogue la galère!...

La verve de la cuisinière avait chassé momentanément les sombres idées du docteur. Il se repentit d'avoir adressé lettre au président du tribunal, mais il n'était plus temps de vouloir la reprendre.

— Bah! pensa le docteur! Je me retirerai en Suisse et personne ne songera à moi ; on croira que je me suis jeté dans un précipice, et peut-être qu'un jour je pourrai me venger tout à mon aise... Vive la vie! à quarante-deux ans on est encore, à devant soi un long avenir!...

Il frappa sur l'épaule de sa servante.

— Je crois que tu as raison, Nanette, lui dit-il, du moins sous le second rapport. Je me marierai plus tard ; mais je veux commencer tout de suite à manger comme deux et à boire comme quatre.

— A la bonne heure! J'aime vous voir comme cela et non pas comme vous étiez il y a un instant. Voici qu'il va bientôt être tard ; je vais apprêter le repas.

— Tu mettras deux couverts.

— Est-ce que vous attendez quelqu'un?

— Non, le second sera pour toi.

— Ah! c'est trop d'honneur, monsieur.

— Bah! pour deux que nous sommes ici, il ne faut pas faire deux tables.

— C'est bien alors, vous verrez que je vous tiendrai tête, pour tout.

— Je n'en doute pas.

Agile comme à vingt ans, la vieille cuisinière s'élança dans l'office, bouleversa marmites, chaudrons et casseroles, fit flamber un fagot, mit enfin tant d'activité dans la confection du banquet annoncé, qu'il put être servi au bout d'une heure à peine.

Les deux convives se mirent à table l'un vis-à-vis de l'autre. D'abord le silence ne fut interrompu que par le bruit des mâchoires, des fourchettes, des plats, etc... ; mais dès que la seconde bouteille fut vidée, la langue de Nanette se délia.

Elle se mit à raconter à son maître une foule d'histoires burlesques, en entrelardant le tout de sentences pittoresques, de proverbes à la Sancho.

Le docteur écoutait en souriant ce verbiage grotesque, épicé comme une sauce à la vinaigrette, incisif, moqueur, rabelaisien, qui fait le fond du langage des villages comtois.

Remarquons en passant que malgré la dévotion qui règne dans cette bonne province, malgré l'influence dont jouissent les prêtres, c'est toujours à eux qu'on attribue les mésaventures les plus ridicules ; ce sont toujours eux que l'on caricaturise avec le plus d'acharnement.

Conséquemment, les histoires de dame Nanette avaient des curés pour héros, ce qui les rendait plus piquantes, sinon de meilleur goût.

Pendant ces récits, le docteur versait à plein verre et buvait sec.

Nanette racontait comment le curé de Brazin avait été culbuté par des béliers, lorsque le verre que tenait le docteur s'échappa de ses mains et se brisa sur le plancher.

— Eh! fit la cuisinière! Est-ce que vous seriez déjà *en ribote?*

M. Brochet était devenu tout pâle. Il étendit le doigt dans la direction de la porte.

— Quelqu'un vient! dit-il.

Nanette courut ouvrir la porte. Mais elle recula précipitamment en poussant un grand cri.

— Les gendarmes! les gendarmes! — balbutia-t-elle.

M. Brochet s'élança dans l'escalier qui conduisait au premier étage, tandis que les deux agents de la force publique pénétraient dans la salle à manger.

Comme le docteur avait laissé la porte de l'escalier ouverte, le brigadier (celui que nous avons déjà mis en scène) ne tarda pas à deviner par où le docteur s'était échappé.

— Gendarme, dit-il à son soldat, suivez-moi!

Soit terreur, soit bonne volonté de rester, soit impossibilité, le docteur ne s'était point enfui.

Il alluma lui-même une bougie, prit sur sa cheminée une petite fiole pleine d'un liquide incolore, la plaça dans le gousset de son gilet et fit signe aux gendarmes de s'approcher.

— Je ne me défendrai pas, dit-il ; seulement soyez assez bons pour me laisser le temps d'ajouter un codicille à mon testament...

— Je vous octroie cette autorisation, dit solennellement le brigadier.

M. Brochet écrivit sur une feuille de papier coupée en deux :

« — Mon légataire universel devra fournir à Nanette Pichon, ma cuisinière, une rente annuelle de six cents francs. »

Puis il signa et lut le codicille aux gendarmes.

— Vous servirez au besoin de témoins, ajouta-t-il.

Et il remit le papier entre les mains du brigadier.

— Maintenant, messieurs, reprit-il, si vous avez faim et soif, parlez, tout ce que j'ai ici est à votre disposition...

Le gendarme regarda son chef.

— Nous acceptons, dit celui-ci, mais à condition que vous ne chercherez pas à vous enfuir et que vous resterez entre nous deux.

— C'est inutile, je ne fuirai pas, et je vais vous le prouver.

Le docteur tira froidement de sa poche la fiole qu'il avait cachée. Il en avala le contenu tout d'un trait.

Avant que les deux gendarmes eussent eu le temps de l'empêcher de boire, l'effet se produisit. Le docteur tomba foudroyé.

Le brigadier, muni de la bougie, se pencha sur le corps de son prisonnier. — Déjà ce corps n'était plus qu'un cadavre.

Le gendarme avait ramassé la fiole :

— Retirons-nous, dit-il, c'est de l'acide prussique. — Dans quelques minutes, le malheureux sera en putréfaction...

La cuisinière qui avait tout vu, tout entendu, s'était évanouie sur le haut de l'escalier.

Le brigadier la secoua par le bras.

— Allons, ma bonne dame, lui dit-il, nous mourons de faim et de soif, réveillez-vous un peu ; corbleu! votre maître a très-bien agi... vous avez des rentes... Si ça vous va, je vous épouse...

XVIII

Une péripétie inattendue.

La nouvelle de la désignation du Baraquer comme héritier universel de M. de Champcarré l'avait précédé à Freysolles.

Chacun s'abandonnait à des suppositions de toutes sortes à l'égard du possesseur futur de l'immense fortune du défunt. — Comme rien n'est aussi versatile que la population d'un village, si ce n'est la population d'un empire, le pauvre de la veille, entouré du prestige de ses écus, apparaissait aux yeux de tous sous un autre jour.

On lui attribuait mille qualités qu'on n'avait pas soupçonnées en lui jusqu'alors. — L'un vantait sa douceur, l'autre la pureté de ses mœurs, celui-ci sa bienveillance, celui-là son peu de fierté. — Enfin on s'accordait à dire qu'il ne laisserait pas regretter son prédécesseur, et que s'il ressemblait à son père c'était par le bon côté.

Puis, on cherchait à prévoir l'avenir ; on se demandait s'il continuerait à résider à Freysolles, ou s'il habiterait le château paternel. — Les intéressés n'osaient pas hasarder une opinion. En disant les intéressés, nous parlons de ceux qui avaient contracté quelques obligations envers M. de Champcarré et dont les quittances n'étaient pas au complet.

Le besoin de se concerter, de discuter, de s'éclairer, fit naître naturellement de petites assemblées, qui tinrent ce jour-là une séance d'autant plus longue que la mauvaise saison ne permettait pas à la population agricole de se rendre dans les champs.

D'un autre côté, on était curieux de savoir comment le nouveau millionnaire ferait son entrée à Freysolles. — Les badauds, qui composent la majeure partie des réunions publiques et qui ont en général l'esprit aussi étroit que le cœur, penchaient à croire qu'il arriverait dans un somptueux équipage traîné par quatre chevaux.

Ils avaient même imaginé de bourrer leur poche de fusées pour les brûler en l'honneur du nouveau châtelain.

Les hommes sensés, qui ont une mauvaise opinion des parvenus, raisonnaient à peu près dans le même sens que les badauds, sans avoir toutefois fait de leurs hauts-de-chausses un arsenal de projectiles pyrotechniques.

Tout le monde fut trompé.

Coco entra le village comme il en était sorti, c'est-à-dire simplement, sans ostentation de sa richesse récente, sans affectation de modestie.

Mais ce qui frappa surtout d'étonnement les paysans, ce fut de le voir accompagné de son frère.

Personne n'ignorait les propos qu'en maintes circonstances Jacques Bertrand avait tenus contre le Baraquer. — On savait qu'ils ne se voyaient jamais, que non-seulement il existait entr'eux de l'indifférence, mais encore de la haine. — Aussi cette subite réconciliation inspira-t-elle à presque tout le monde une mauvaise opinion du prévôt d'armes.

Les mots d'hypocrite, fesse-mathieu, circulèrent dans la foule, — et lorsque le maire, accompagné d'une partie du conseil municipal, vint au-devant de l'héritier de M. de Champcarré pour le féliciter de sa nouvelle position, personne ne serra la main de Jacques Bertrand, à l'exception du garde-champêtre qui, à défaut d'autre vertu, avait la reconnaissance du ventre.

Jacques ne s'aperçut pas de la froideur générale. — Il était contre son habitude taciturne et rêveur. — Cette réception à laquelle il devait s'attendre paraissait l'ennuyer outre mesure.

— Je vais chez moi, dit-il à voix basse à son frère. Tu me prendras quand tu voudras aller chez le maître d'école...

Et il s'esquiva sans plus s'occuper des harangues de M. le maire.

Ce fonctionnaire venait d'adresser au Baraquer une homélie en forme sur les devoirs que Dieu et la société imposent à *l'opulence*. — Il lui avait dépeint en termes pathétiques l'état d'épuisement de la caisse municipale, lequel épuisement empêchait la commune de faire exécuter une foule de travaux d'utilité première. — Il lui avait représenté la misère des pauvres de la paroisse pendant un hiver aussi rigoureux et aussi long, — et il concluait par ceci : qu'une somme d'une vingtaine de mille francs n'était rien pour un homme aussi riche, tandis qu'entre les mains de la municipalité elle se transformerait en fontaines pour les besoins de tous, et en pain et bois de chauffage pour le besoin des indigents.

Au fond, ce discours était fort sagacement pensé ; il y aurait bien eu quelque chose à dire quant à la forme, mais le maire d'une commune de sept cents âmes ne peut pas toujours être un Démosthène ni un Berryer.

Le Baraquer, qui tenait à se débarrasser de cette cohue de personnages encore plus importuns qu'importants, promit tout ce qu'on voulut, et prit le bras du père Mathieu, en manifestant le désir d'aller chez lui.

Mais sa généreuse conduite l'avait immédiatement élevé au rang d'idole populaire. — Il fut entouré par une certaine quantité de *pacans* qui le placèrent bon gré mal gré sur leurs épaules et le portèrent ainsi jusque chez le père Mathieu, tandis que les badauds dont nous avons parlé jetaient en l'air des acclamations et des fusées.

Pendant plus d'une heure les groupes stationnèrent devant la porte du patriarche. Mais le Baraquer en avait assez des ovations ; aussi, pour ne pas être exposé à un second triomphe, remit-il à la nuit sa visite au maître d'école.

Du fond de sa petite chambre, Julie avait entendu tous les bruits qui saluaient le millionnaire, — mais elle ne s'était point enquise de leur cause. — Ils l'impatientaient seulement, car leur retentissement venait d'éveiller son enfant endormi.

La maternité, cette suprême révélation de la femme, avait chassé bien loin du cœur de Julie les petites passions de curiosité.

Avec cette intuition d'un nouveau devoir, intuition qui se manifeste au premier vagissement de l'enfant qui vient au monde, Julie avait compris que toutes les futilités devaient disparaître devant la gravité de sa position ; aussi, s'était-elle facilement résignée à ne point sortir, à ne voir que son petit chérubin blond, dont la bouche s'ouvrait aux gémissements en même temps qu'à l'allaitement de sa mère.

Assise dans un vieux fauteuil vermoulu qui servait habituellement de chaire à M. Galoppot dans l'exercice de ses fonctions, le sein découvert et pressé par les frêles mains de son fils, Julie n'était plus la plantureuse créature qui avait été si facilement séduite par les grâces de caserne du prévôt d'armes.

Elle était devenue belle à force d'être blanche.

Ses mains s'étaient effilées. — L'habitude de pleurer avait donné à ses yeux une ravissante expression de mélancolie. — Comme elle pensait, son front s'était élargi ; sa figure si insignifiante autrefois, s'illuminait d'un rayon d'intelligence.

Son père, toujours sombre et dévoré de chagrin, ne la quittait presque pas. — Lorsque Julie rarangeait le berceau, c'était lui qui tenait l'enfant. — Il le regardait avec des yeux étranges, et quand l'enfant souriait, le grand-père pleurait.

Cette scène pleine d'ombre et de silence, cette scène qui durait tout le jour et presque une partie de la nuit, avait quelque chose de tendre à la fois de navrant. — Elle aurait inspiré à un grand artiste un tableau saisissant.

Ce caractère de mélancolie profonde se révélait surtout le soir, lorsque la veilleuse posée sur la table de nuit projetait autour du verre qui la contenait ses lueurs tremblotantes ; que l'ombre rampait et dansait sur les rideaux blancs, que la lune, curieuse comme une femme, dont les anciens lui donnaient le nom, penchait son disque argenté vers les barreaux de la fenêtre.

Alors, ce contraste de la clarté et des ténèbres, ce demi-jour et cette demi-nuit accusaient plus fortement les physionomies, les angles des meubles, et faisaient, pour ainsi dire, nager la petite chambre dans quelque chose de vague et d'indistinct, comme un canot de pêcheur qui traverse un brouillard.

Vers sept heures du soir, le Baraquer, accompagné de son frère et du père Mathieu, entra chez le maître d'école.

— Voici la réparation que je vous ai promise, mon cousin, dit le vieillard : Jacques épousera Julie aussitôt que vous le voudrez.

M. Galoppot se leva :

— Merci, mille fois merci, vous me rendez l'honneur ! dit-il. Oh ! Dieu vous bénira, mon cousin !...

Et prenant le prévôt d'armes par la main :

— Jeune homme, reprit-il, vous m'avez causé bien du chagrin ; mais votre démarche d'aujourd'hui me fait tout oublier. Viens, ma fille...

Julie, assise dans le fauteuil, la tête ensevelie dans ses mains, ne répondit rien. Un sanglot souleva sa poitrine avec effort.

Le Baraquer s'approcha d'elle :

— Ma cousine, lui dit-il d'une voix qu'il essayait en vain de rendre ferme, mon frère vient à vous loyalement, sans y avoir été contraint par qui que ce soit. — J'avais sa promesse écrite, la voilà, je ne la lui ai pas montrée. — Elle est à vous, Julie, prenez-la !...

Julie leva machinalement la tête. Elle jeta un coup d'œil sur la promesse. — Puis, sans l'avoir lue jusqu'au bout, elle la déchira et en alluma les morceaux à la flamme de la veilleuse.

— Que fais-tu là ? s'écria le maître d'école.

Julie se leva pâle et grave, et s'avançant vers le berceau de son fils, la main étendue sur le front du petit ange qui dormait :

— Mon enfant me tiendra lieu de tout !... — dit-elle.

Et elle se laissa glisser dans son fauteuil.

La foudre tombant aux pieds de M. Galoppot ne l'eût pas stupéfié davantage.

Il voulut s'élancer vers sa fille, mais le père Mathieu le retint.

Coco s'adressa de nouveau à la jeune mère :

— Certes, ma cousine, dit-il, Jacques a bien des torts envers vous... mais il est revenu à de meilleurs sentiments. Jamais, du reste, il n'a eu mauvais cœur. Egaré par des conseils perfides, il a commis une grande faute ; mais il est prêt à la réparer ; je suis persuadé que vous n'aurez qu'à vous louer du mari, si vous avez eu à vous plaindre du fiancé...

— Je ne me plains pas, mon cousin. La faute est de mon côté, c'est moi qui l'ai commise. J'en subirai les conséquences. La réparation arrive trop tard.

— Comment, trop tard ?...

— Je n'oublierai jamais la nuit fatale où ce pauvre enfant est arrivé en ce monde. Il faisait bien froid. Oh ! Jacques ! je ne t'ai jamais aimé comme je saurais aimer aujourd'hui ! J'étais naïve, ignorante... — Je vous aimais, monsieur, comme toute jeune fille aime un mari qu'elle n'a jamais vu... c'est-à-dire par curiosité... Je m'étais habituée à vous aimer autrement après... mais cette nuit-là a brisé dans mon cœur votre image.

Elle ajouta tout bas :

— Pour ne mettre une autre à la place...

Le prévôt d'armes s'appuya livide contre le chambranle de la porte ; mais il ne répondit rien.

Coco reprit :

— Il est une crainte que vous n'auriez plus, Julie, en épousant mon frère ; — ce serait de voir plus tard votre enfant montré au doigt par ses camarades... L'illégitimité est une tache d'huile : plus votre fils grandira, plus la tache s'élargira. Songez à cela, Julie.

— La tache sera sur la mère, répliqua la fille du maître d'école avec un geste péremptoire.

Le Baraquer était devenu très-pâle aussi ; néanmoins, il fit un effort sur lui-même :

— Sous un autre rapport, continua-t-il, vous n'aurez pas à craindre la misère ; Jacques est millionnaire...

Le maître d'école fit un bond. Toutes ses vieilles idées d'ambition se réveillèrent plus intenses, plus profondes que jamais.

— Millionnaire ? s'écria-t-il.

— Oui ! reprit le Baraquer ; nous partageons la succession de M. de Champcarré, notre père.

— Millionnaire ! répéta le maître d'école qui tournoyait comme un homme ébloui.

Julie se leva de nouveau.

— Quand il posséderait la fortune de Louis-Philippe, murmura-t-elle, ce serait la même chose : ma résolution est prise. Il ne sera jamais mon mari.

M. Galoppot était anéanti.

Le silence se fit autour de lui. Ce fut Jacques Bertrand qui l'interrompit :

— C'est bien, Julie, — dit-il. — Je vous ai méconnue ; vous vous vengez, c'est votre droit ; je sais que je ne suis pas digne de vous, aussi je me retire ; mais, auparavant, je veux faire un acte de justice. Le docteur Brochet m'a légué toute sa fortune, je n'en veux point. — Elle revient de droit à notre enfant. Je la lui donne...

Il y eut encore un moment de silence pendant lequel on entendit soupirer le prévôt d'armes.

— Maintenant, reprit-il, laissez-moi embrasser mon fils ; ce sera la première et peut-être la dernière fois...

Il s'approcha du berceau sans que la mère s'y opposât et il déposa un baiser sur le front de l'enfant qui s'éveilla et se mit à pleurer.

— Il pleure, fit Jacques Bertrand navré. Il pleure à ma première caresse, hélas !

Il mit la main sur ses yeux et sortit de la chambre avec le père Mathieu.

Le maître d'école s'était assis sur une chaise de bois, les bras pendants, l'œil fixe. — Il regardait quelque chose d'invisible dans l'angle de la chambre.

Le Baraquer lui frappa sur l'épaule.

— Savez-vous ce que le père Mathieu vous a promis ? lui dit-il.

Le maître d'école tressaillit.

— Un père pour mon petit-fils ! répondit-il.

— Eh bien ! ce père ce sera moi, — reprit le Baraquer.

Il alla s'agenouiller aux pieds de Julie.

— Je sais, lui dit-il, combien vous êtes pure, malgré la faute que vous avez commise, Julie, et je vous aime comme je vous aimais avant votre chute ; mieux encore, ma cousine, car vous avez été malheureuse, et le malheur du passé est le garant de l'avenir ; vous avez besoin d'un cœur dévoué pour reposer votre front. Je viens vous relever de l'opprobre, Julie. Voulez-vous être ma femme ?

Julie sanglotait.

— Je n'en suis plus digne... — murmura-t-elle.

— C'est à moi de juger, ma cousine ; je veux donc qu'il ne soit plus question entre nous de ce qui fait couler vos larmes...

— Hélas !

— Votre enfant est déjà mon neveu ; il sera mon fils ; Julie, encore une fois je le répète, voulez-vous être ma femme ?...

Julie se jeta au cou du Baraquer.

— Oh! je vous aime, dit-elle, depuis cette nuit-là! moi seule je vous ai vu à la fenêtre... Vous êtes grand et bon...

— Vous voyez donc bien, Julie, que l'enfant est à moi.

— Oui, vous lui avez sauvé la vie... — Son père, son vrai père, c'est vous...

Le lendemain, Jacques Bertrand botté, ciré, frotté, brossé, épousseté, une valise à la main, vint trouver le Baraquer.

— Je m'en vais! lui dit-il.

— Où donc? — demanda François.

— Je n'en sais rien... tout droit devant moi... Si tu veux me donner quelque chose, donne-le moi. — Je manque tout à fait d'argent...

— J'ai contracté chez un banquier de Besançon, un emprunt de cent mille francs. Je t'en donnerai cinquante mille.

— C'est trop.

— Comment?

— Oui! Je vais recommencer une nouvelle vie. Voilà l'acte par lequel je donne à mon enfant tout ce qui me reviendra de M. Brochet. Je veux seulement dix mille francs pour m'établir dans une ville quelconque, et travailler...

— Que prétends-tu faire?

— Changer de nom, d'abord, puis donner des leçons d'escrime pour gagner ma vie.

— Tu auras soin de m'envoyer ton adresse?

— Je t'écrirai chaque année.

Le Baraquer insista pour que son frère restât avec lui au moins quelques jours, mais Bertrand fut inflexible. Muni de ses dix mille francs il partit le jour même, pédestrement, le sac sur le dos, comme il était arrivé, il y avait quelques mois.

Nous le retrouverons un jour.

XIX

Les douze cents francs de Diodot Maillard.

Six mois avaient passé.

Le nouveau châtelain de Champcarré s'était marié avec sa cousine, et le ciel bénissait cette union en accordant la santé et la joie aux deux époux.

Déjà le sombre château de feu M. Leroux avait changé totalement d'aspect. Il était reconstruit à neuf, non pas dans les proportions grandioses et pittoresques qui font les délices de l'artiste, mais dans le style sévère et gracieux du confort moderne.

C'était une maison animée comme une ferme; c'était une ferme spacieuse comme un palais.

A une portée de fusil du château, sur le plan incliné des champs de Freysolles, les ouvriers travaillaient à un autre édifice qui devait être affecté à la destination d'un hospice pour les vieillards.

François de Champcarré avait voulu que dans toute l'étendue de ses domaines les vieux laboureurs trouvassent une retraite assurée et paisible après trente ou quarante ans de travaux pénibles.

C'était lui qui avait donné le plan de l'hôpital et qui en avait dressé le règlement.

Les habitudes simples de sa femme n'avaient pas changé.

Elle nourrissait elle-même son enfant et s'occupait de tous les détails du ménage avec l'aide de sa mère, que le Baraquer avait élevée à la dignité d'intendante.

L'être le plus heureux de cette petite colonie agricole c'était le vieil instituteur.

Il s'était empressé de donner sa démission; mais il n'avait voulu accepter aucune fonction régulière au château. — Sa vie se passait à courir d'une maison à l'autre. — Il était l'hôte assidu de M. Grisey. — Parfois il faisait un voyage à Besançon, pour se donner de l'exercice et apprendre quelque nouvelle. — Quand il revenait, il avait des provisions de récits suffisantes à défrayer pour huit jours les habitants de Freysolles. L'astre de M. Grisey commençait à pâlir devant celui du maître d'école.

Inutile d'ajouter qu'il avait repris son ancienne diction tout hérissée d'imparfaits du subjonctif.

La culture de ce *mode* lui avait même inspiré une passion bien innocente, c'est vrai, mais qui ne laissait pas de coûter fort cher à son gendre.

Sous prétexte de composer une bibliothèque instructive et morale, M. Galoppot collectionnait à grands frais toutes les grammaires françaises depuis celles de Arnaud Nicole et Lancelot, Régnier-Desmarais, Buffier, l'abbé Dangeau, l'abbé Girard, d'Olivet, Duclos, Dumarsais, Condillac, de Brosses, Beauzée, Destutt de Tracy, de Sacy, jusqu'à celles de Lamare, Demarle, Girault-Duvivier, Burnouf, Dutrez, Lhomond, etc.

Il avait réuni sept à huit éditions de chacune de ces grammaires; chaque jour il en portait une sous son bras.

Le dimanche, il avait encore une autre occupation. Il conservait sa place au lutrin, mais il ne chantait que comme amateur, et surtout quand il s'agissait de relever un couac ou une fausse note faits par son successeur.

Aussi, dans cette période de bien-être, il avait considérablement engraissé et l'on pouvait dès lors prévoir que dans quelques années il passerait pour un phénomène d'embonpoint, lui qui n'avait jamais passé que pour un phénomène de maigreur.

Disons qu'en ce qui concernait la commune, Coco avait tenu toutes ses promesses et au-delà.

Une somme de vingt mille francs avait été déposée à titre de don entre les mains du maire, qui s'en servait pour des travaux d'utilité publique.

Freysolles fut pourvu de fontaines et de rigoles pavées; on consolida le pont du Mortard qui menaçait ruine depuis longtemps; les chemins de défrichement furent empierrés; les voies de grande communication améliorées.

On s'accordait à dire que dans vingt ans le village serait un des plus beaux du département, comme il en était un des plus fertiles.

Aussi la reconnaissance publique ne faisait-elle pas défaut au Baraquer. Il y avait bien eu par-ci par-là quelques petites jalousies se manifestant en pointes légères, principalement contre le maître d'école et sa fille; mais le père Galoppot était devenu si bon enfant, et Julie avait si peu de fierté et tant de bon cœur, que les mauvaises langues finirent par se taire.

Le nouveau seigneur se trouvait d'autant mieux disposé à favoriser les deux communes que, le maire étant mort, le préfet du département avait presque littéralement forcé le père Mathieu à succéder à ce magistrat.

Le patriarche, à qui les fonctions de maire répugnaient un peu, avait accepté par égard pour le préfet et pour le Baraquer, et la commune n'avait jamais été administrée avec autant de sagesse et de désintéressement.

Sa besogne faite, le vieux laboureur se rendait presque chaque soir à Champcarré, auprès de ses amis et cousins. — Ces veillées étaient très-gaies, bien que parfois le souvenir des jours passés vînt assombrir un peu les expansions mutuelles.

Mais on était presque en famille; aussi ces nuages passagers s'envolaient-ils aussi rapidement qu'ils étaient venus.

On était presque en famille, disons-nous. En effet, malgré son immense fortune, le Baraquer recevait peu de visites. Et quand il recevait, c'était à des jours fixes.

On voyait alors dans son salon quelques personnages quasi-importants, le préfet, le procureur du roi, le président du tribunal, le vieux curé de Freysolles et d'autres encore.

Ces jours-là, le père Mathieu n'apparaissait pas. La raideur magistrale des invités pesait à cet esprit libre et même un peu moqueur. — Il craignait de les blesser par un mot à double entente ou par une répartie trop acérée, lancée dans ce langage à demi patois qui serait affreusement trivial s'il n'était pas avant tout très-spirituel.

Mais, comme conclusion de ce premier épisode, venons-en au fait qui motive le titre de ce chapitre.

Un soir, le père Mathieu arriva au château, à son heure accoutumée.

Dans une vaste salle du rez-de-chaussée, éclairée par une double lampe suspendue au plafond, une dizaine de personnes étaient réunies autour de la cheminée, grâce à cette habitude de l'hiver qui fait qu'en été même, lorsqu'il n'y a pas de feu dans l'âtre, on ne se groupe pas moins auprès de lui.

C'étaient le maître et la maîtresse de la maison, le père Galoppot, toujours flanqué d'une de ses grammaires, puis les valets de charrue, et les domestiques mâles et femelles.

Le Baraquer remarqua tout de suite que les lèvres du vieillard étaient plissées par un sourire qui ne lui était pas habituel.

— Qu'y a-t-il de nouveau? — lui demanda-t-il.

Le paysan s'assit et répondit :

— Une chose fort curieuse ! C'est tout une histoire.

— Alors, racontez-nous cette histoire...

— Vous connaissez tous Diodot Maillard, un cuistre, un ladre qui aurait écorché une puce pour en avoir la peau... Mais il ne faut pas médire des morts...

— Il est donc mort?

— Il y a deux heures. Enfin, écoutez...

Tout le monde se rapprocha du père Mathieu; le maître d'école lui-même ferma momentanément sa grammaire. C'était la première édition de la grammaire de Guérouet.

— Votre père, François, continua le vieillard, avait une profonde sagacité. En léguant à feu Maillard une rente de douze cents francs pour avoir soin de son cheval, il savait parfaitement ce qui devait en résulter; et il doit rire dans sa tombe de voir qu'il avait deviné juste.

« Lors de la délivrance du legs, Diodot ne se sentit pas de joie. — J'étais là. — Il fit un saut qui endommagea notablement sa culotte, sa vénérable culotte autrichienne.

— C'est la première fois que, pareille chose lui arrivant dans son haut-de-chausses, il n'ait pas juré comme un crocheteur qui se laisse tomber une bûche sur le pied...

« On lui amena le cheval.

« C'était une bête de dix ans, capable d'aller jusqu'à la trentaine. D'un coup d'œil Diodot s'assura de cela. — Puis il fit mille caresses au cheval, l'appela Loulou, Bibiche, etc... Il avait l'air de retrouver un frère qu'il aurait cru mort et qui serait revenu d'Amérique... avec de l'argent...

« Ensuite il emmena la bête dans sa maison. Un de ses neveux voulait enfourcher l'animal, mais Diodot lui reboula des yeux capables d'épouvanter le diable lui-même. Il aurait craint que ce gamin n'écrasât le cheval.

« Il avait préparé dans son écurie une excellente litière haute de trois pieds, avec de la paille que je lui avais prêtée et qu'il s'est bien gardé de me rendre.

« Le bidet s'étendit voluptueusement là-dessus.

« Mais il fallait du foin et de l'avoine.

« Diodot fit le tour du village en prétextant qu'il n'avait pas encore eu le temps de se pourvoir. Il obtint ainsi chez l'un et chez l'autre de la nourriture pour son cheval pendant plus d'un mois.

« Il faut lui rendre cette justice; c'est que pendant ce mois le cheval ne manqua de rien. — Comme Maillard battait en grange pour les gens jusqu'à quatre heures du soir, à peine arrivé chez lui, il s'occupait du quadrupède. Il le menait promener par le licol en ayant soin de le faire passer dans les prés pour qu'il ne se blessât pas les pieds et aussi pour qu'il prît gratuitement le vert.

« Quelqu'un s'avisa de lui demander son cheval pour une journée ; Diodot ne répondit rien. Il tourna le dos à cet individu qui était son ami ; et depuis il ne lui adressa plus la parole.

« Au bout de ce premier mois, *Bibiche* était devenu gras... comme mon cousin Galopot.

« Diodot toucha cent francs de rentes ; et voyant que personne ne voulait plus lui donner ni foin ni avoine, force lui fut d'en acheter.

« Il serait superflu de dire que le cheval ne fut pas aussi heureux le second mois que le premier, Diodot lui ayant retranché à peu près le cinquième de sa pitance. Mais les prés étaient là. — Maillard y conduisait plus que jamais son cheval ; si bien qu'il ne maigrit pas visiblement...

« Ce jour, voyant Maillard, il se trouva dans la tête, un beau matin, une idée.

« — Si ce cheval travaillait un peu, se dit-il, ça ne lui ferait point de mal ; puis voici le moment du labour, je réaliserais avec lui quelques bénéfices. — Tiens ! pourquoi pas ? Il y en a qui n'ont qu'un cheval pour tout potage. Ils mènent du sable, des cendres, de la mine (1) ; ils sont gras comme des quartiers de lard, et ronds comme des futailles. — Donc ils gagnent de l'argent...

« Cette conclusion déduite, Diodot commença à faire *trimer* Bibiche. Il conduisit à la ville de déménagement de je ne sais plus qui. Ça lui rapporta un écu de six francs.

« Alléché par ce bénéfice, il fit concurrence au père Billaut.

« Deux fois par semaine, il conduisait à Besançon une voiturée de cendres pour les lessives, de guenilles pour les chiffonniers, etc., et, comme il ne dépensait presque rien dans ses voyages, il avait tout bénéfice.

« Une telle réussite l'enhardit à un si haut point qu'il acheta une superbe culotte à peu près neuve dans un de ses voyages. — Dès lors le treillis autrichien fut oublié ; on n'en parla plus que pour son oraison funèbre.

« Le cheval était bien reposé ; aussi ce travail inaccoutumé n'exerça-t-il sur son économie aucune action fâcheuse, ce qui mit le comble à la jubilation du vieil avare.

« Mais à force de marcher les souliers s'usent.

« Maillard ne s'occupait pas des siens. Il les prenait avec lui, mais c'était pour parade, il ne se mettait à ses pieds que pour entrer dans les villes. — Tout le long de la route, malgré les pierres et le froid, il marchait nu-pieds.

« Il n'en était pas de même du cheval.

« Un jour, Diodot s'aperçut avec effroi que *Bibiche* était déferré. — Il fallut recourir au maréchal qui lui demanda pour quatre fers la somme exorbitante de trois francs dix sous. — Maillard marchanda longtemps et finit par donner trois francs neuf sous au forgeron. Puis il

(1) Du minerai de fer.

vendit pour neuf sous les vieux fers à un ferrailleur, de sorte qu'il ne dépensa en réalité que trois francs.

« Ce fut Bibiche qui en pâtit, — il fallut faire un voyage en sus pour rattraper cette somme. — Le cheval s'en tira gaillardement ; dès lors sa période de décadence commença.

« Diodot supprima d'abord sa ration d'avoine, prétendant que ce grain est très-échauffant et peut causer de graves perturbations dans les intestins. — D'ailleurs, l'avoine coûtait cinquante sous le boisseau et Bibiche en mangeait facilement un quart par jour.

« Bibiche maigrissait :

« — C'est l'effet de l'été, — se dit Diodot. — Je maigris toujours en été. — Il ne faut pas y faire attention.

« Et il continua ses pérégrinations en chargeant de plus en plus la pauvre bête et en lui donnant de moins en moins à manger.

« Quelques semaines plus tard, un mauvais plaisant fit entendre à Maillard que son cheval paraissait échauffé.

« — Vous lui donnez du foin ; je le parierais, lui dit-il.

« — Ma foi oui ! répondit Maillard.

« — Eh bien ! c'est un tort que vous avez, sentez-moi un peu ce foin, il pue le vinaigre ; il n'y a rien qui dessèche comme cela. — Si vous continuez, votre cheval périra...

« Diodot fut effrayé.

« — Du reste, ajouta le bailleur de conseils, les foins sont très-mauvais cette année.

« — Que faut-il donc lui donner ? — balbutia l'avare.

« — De la paille ! de la paille bien fraîche.

« La paille coûte moins cher que le foin, Diodot donna de la paille à son cheval, si bien que le pauvre animal desséchait sur pied, et ne projetait plus d'ombre au soleil.

« — Ça se remettra, disait tranquillement Maillard. La paille est très-rafraîchissante.

« Enfin, un jour on ne vit pas sortir le cheval. — Maillard sortait toujours et battait de nouveau en grange, mais il était pâle, défait, abattu.

« — Vous avez renoncé à vos voyages ? lui dit-on.

« — Oui, répondit le vieux grigou. Je laisse reposer mon cheval.

« Mais on s'aperçut bientôt que Diodot Maillard n'achetait plus ni paille ni foin ; puis en passant devant sa maison, toujours hermétiquement close, on sentait une odeur fétide comme celle qu'exhale un charnier.

« On ne savait à quoi attribuer ce fait étrange.

« Enfin le vétérinaire chargé de donner au cheval u certificat de vie, vint un jour chez Diodot Maillard. Celui-ci voulut s'esquiver ; mais le praticien le menaça et il o vrit la porte de son écurie.

» Le cheval, debout sur ses quatre pieds, la tête tournée du côté du râtelier, se tenait immobile. Une odeu infecte s'épandait autour de lui.

« Le vétérinaire se boucha les narines et approcha pl près.

« Horreur ! le cheval était mort depuis près d'un moi Mais Diodot Maillard l'avait tellement étançonné qu avait la position d'un animal parfaitement portant.

« Le vétérinaire fit son rapport et hier, l'ordre arri qui reversait les douze cent francs de rentes dans le cor de votre succession, François !

« Diodot Maillard ne put survivre à cette perte !

« Il y a quelques heures un de ses parents entra da son taudis. — Il trouva le vieillard mort au milieu d'u rivière d'écus qu'il avait empilés un à un par la cornic de son armoire et qui avaient enfin crevé les portes v moulues de leur cachette.

« Il y avait là-dedans plus de quarante mille francs !

« — Ma foi, fit le maître d'école, il serait bon que c traits semblables *arrivassent* à la connaissance du pu et que les hommes d'aujourd'hui *infligeassent* comme anciens un blâme sévère aux cendres des avares et gens mauvais ! — Il suffirait d'une mort pareille tous ans, pour que les pères *élevassent* leurs enfants dans bons sentiments, leur *inspirassent* dès leurs plus tend années le goût des vertus généreuses et leur *inculquass* l'instinct de la charité. Je souhaiterais, mon cher gen que vous *gravassiez* cet exemple sur l'airain et que v le *donnassiez* à lire plus tard à vos enfants, pour qu s'en *imprégnassent* le cœur, qu'ils *s'étudiassent* à ne l'imiter, qu'ils s'en *éloignassent* et enfin qu'ils *méritas* que leurs contemporains les *considérassent* comme citoyens utiles à leurs concitoyens.

FIN.

Sceaux, imprimerie de E. Dép

www.ingramcontent.com/pod-product-compliance
Lightning Source LLC
LaVergne TN
LVHW022211080426
835511LV00008B/1701